KAKURO
for Beginners

John Pazzelli

D0451068

Dover Publications, Inc.
Mineola, New York

Bibliographical Note

Kakuro for Beginners is a new work, first published by Dover
Publications, Inc., in 2006.

International Standard Book Number

ISBN-13: 978-0-486-45345-3
ISBN-10: 0-486-45345-6

Manufactured in the United States by Courier Corporation
45345605   2014
www.doverpublications.com

Instructions

The Kakuro grid is arranged into horizontal and vertical "blocks", which are defined as any horizontal or vertical group of adjacent white squares, separated by shaded squares.

The object of Kakuro is to fill in all of the unshaded squares in the grid, using only the numbers 1 through 9, such that any number appears only once in each block. Numbers may appear more than once in the entire grid, but they must be placed in different blocks.

The sum of the digits in each horizontal block must add to the total indicated in the shaded square to the left of that block. Similarly, the sum of the digits in each vertical block must add to the total indicated in the shaded square above that block.

Hints

The secret to solving Kakuro is to find blocks that contain a unique set of digits that must be used within that block. For example, a three cell block that sums to 6 must use the digits 1, 2 and 3 since 2, 2 and 2, would be invalid (a digit cannot appear more than once in any block). Another example would be a four cell block summing to 30 that must use the digits 6, 7, 8 and 9. A complete list of unique sums can be found on the next page.

Unique Sum List

Block Length 2:
3 = 1 + 2
4 = 1 + 3
16 = 7 + 9
17 = 8 + 9

Block Length 3:
6 = 1 + 2 + 3
7 = 1 + 2 + 4
23 = 6 + 8 + 9
24 = 7 + 8 + 9

Block Length 4:
10 = 1 + 2 + 3 + 4
11 = 1 + 2 + 3 + 5
29 = 5 + 7 + 8 + 9
30 = 6 + 7 + 8 + 9

Block Length 5:
15 = 1 + 2 + 3 + 4 + 5
16 = 1 + 2 + 3 + 4 + 6
34 = 4 + 6 + 7 + 8 + 9
35 = 5 + 6 + 7 + 8 + 9

Block Length 6:
21 = 1 + 2 + 3 + 4 + 5 + 6
22 = 1 + 2 + 3 + 4 + 5 + 7
38 = 3 + 5 + 6 + 7 + 8 + 9
39 = 4 + 5 + 6 + 7 + 8 + 9

Block Length 7:
28 = 1 + 2 + 3 + 4 + 5 + 6 + 7
29 = 1 + 2 + 3 + 4 + 5 + 6 + 8
41 = 2 + 4 + 5 + 6 + 7 + 8 + 9
42 = 3 + 4 + 5 + 6 + 7 + 8 + 9

Block Length 8:
36 = 1 + 2 + 3 + 4 + 5 + 6 + 7 + 8
37 = 1 + 2 + 3 + 4 + 5 + 6 + 7 + 9
38 = 1 + 2 + 3 + 4 + 5 + 6 + 8 + 9
39 = 1 + 2 + 3 + 4 + 5 + 7 + 8 + 9
40 = 1 + 2 + 3 + 4 + 6 + 7 + 8 + 9
41 = 1 + 2 + 3 + 5 + 6 + 7 + 8 + 9
42 = 1 + 2 + 4 + 5 + 6 + 7 + 8 + 9
43 = 1 + 3 + 4 + 5 + 6 + 7 + 8 + 9
44 = 2 + 3 + 4 + 5 + 6 + 7 + 8 + 9

Block Length 9:
45 = 1 + 2 + 3 + 4 + 5 + 6 + 7 + 8 + 9

Step-by-Step Solution

Let's take a look at how to solve the following puzzle:

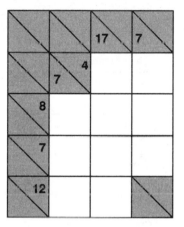

When solving Kakuro puzzles, it is usually easiest to begin in one of the corners so we will start at the top-right cell of the puzzle. The horizontal sum of this block is 4, indicating that the value of this cell must be either 1 or 3 (2 and 2 is not valid since digits cannot be repeated within any block). The vertical sum for this block is 7, which also has a unique combination of the digits 1, 2 and 4. This means that 3 is not a valid possibility for this cell because it cannot be used anywhere in the vertical block. Thus, the value of this cell must be 1:

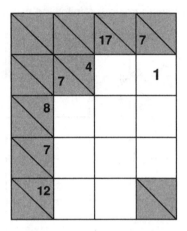

Now, we can easily fill in the cell to the left of it since the horizontal block must sum to 4:

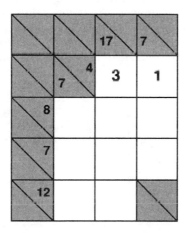

Next, we turn our attention to the cell in the center cell of the rightmost vertical block. The horizontal sum of 8 means that this cell must be either 1, 2 or 5. However, 1 and 5 are not valid possibilities because 1 has already been used in this cell's vertical block (in the cell directly above), and 5 is not used in the unique digit combination for 7 (recall that a three cell block summing to 7 can only be made up of digits 1, 2 and 4). Thus, this cell must take on the value 2, and the one below it must be given the value 4, since the vertical block must total 7:

Taking a look at the leftmost vertical block, we know that the digits in this block must be 1, 2 and 4 (there is no other valid way to make 7 with three cells). It is not obvious where in this block the values 1 or 2 can be placed, however, there is only one location for the value 4. The top cell of this block cannot be 4, because placing a 4 here would require the horizontal block (totalling 8) to contain two 2s (invalid). The value 4 also cannot be placed in the center of this vertical block because there is already a 4 in the horizontal block (placed in the last step). Thus, the bottom cell of this block must be 4, and the cell immediately to the right of it must be 8 (to allow the horizontal block to sum to 12), as shown below:

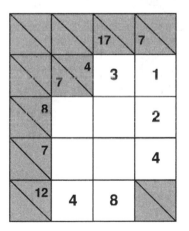

Now, we can place the remaining values (1 and 2) in this vertical block, because 2 cannot be placed in the top cell (given that there is already a 2 in the horizontal block totalling 8):

		17	7
7 \ 4		3	1
8	1		2
7	2		4
12	4	8	

The final two cells are easy, using the horizontal sums of 8 and 7:

PUZZLES

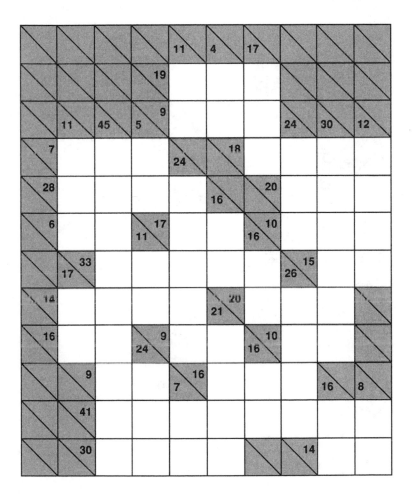

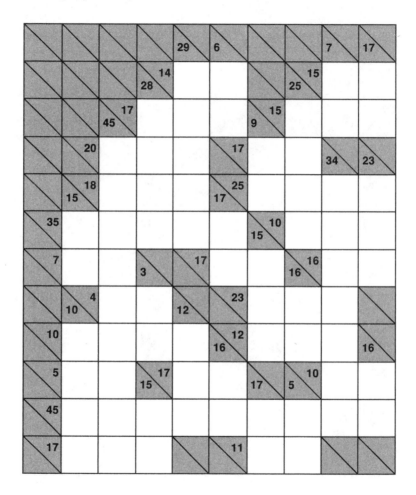

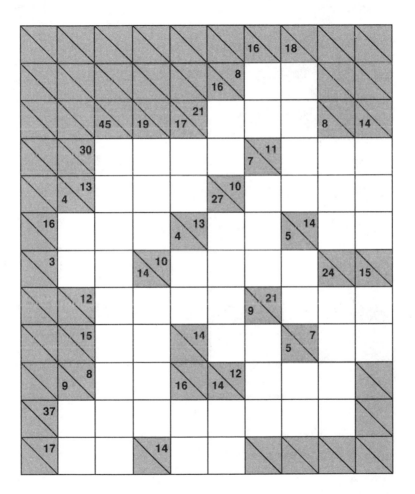

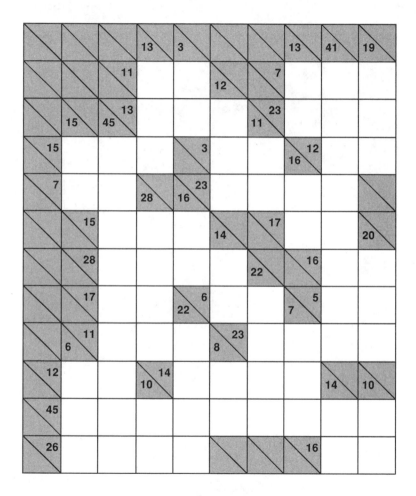

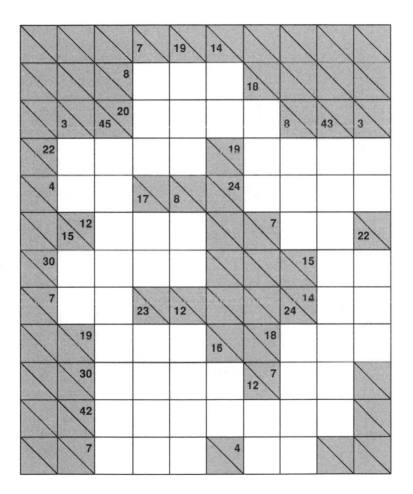

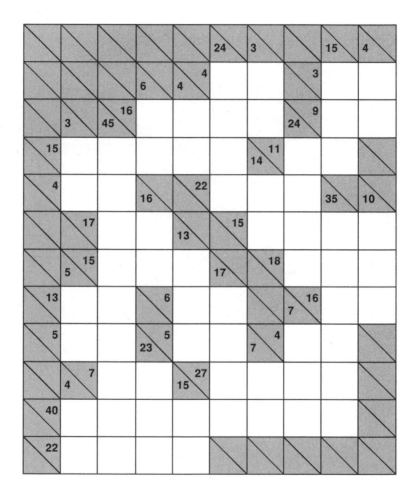

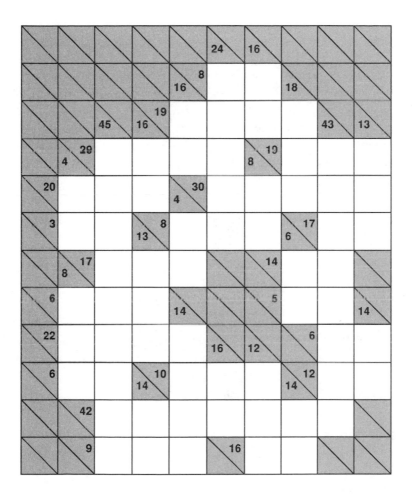

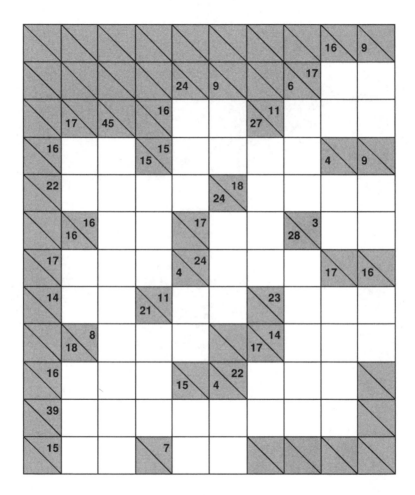

8

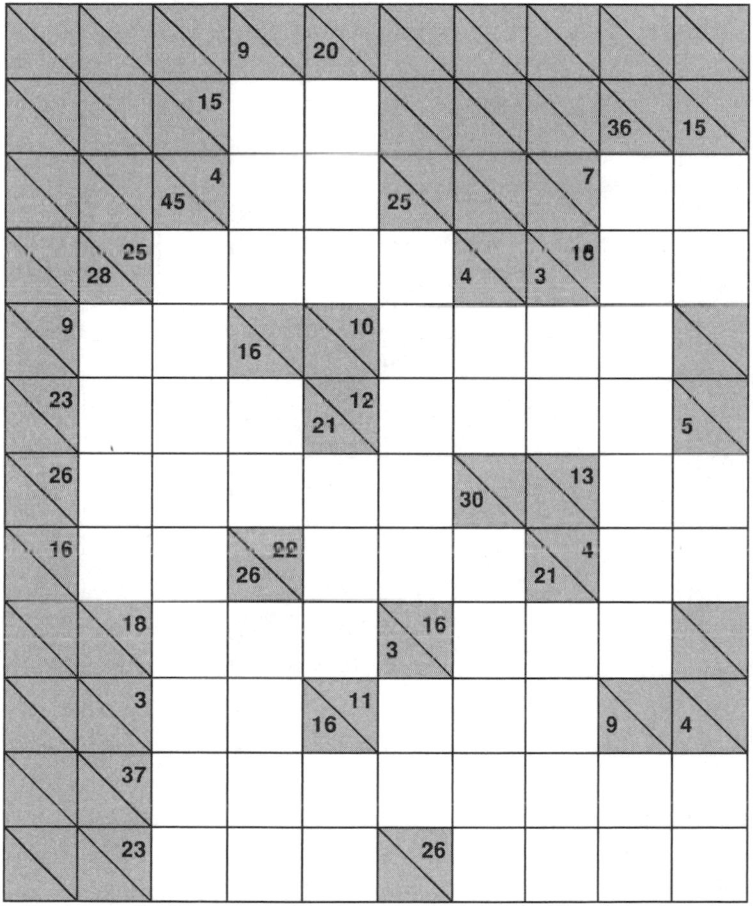
9
20
15
36
15
4
45
25
7
25
28
4
3
9
10
16
23
12
21
5
26
13
30
16
26
4
21
18
16
3
3
11
16
9
4
37
23
26

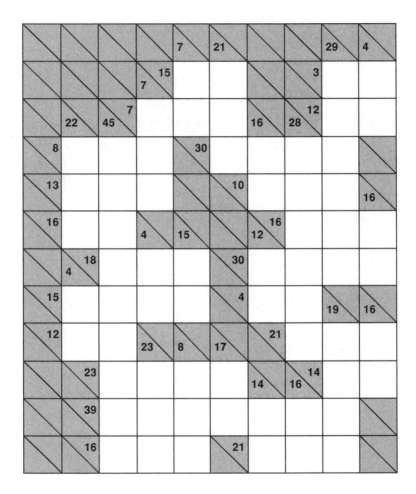

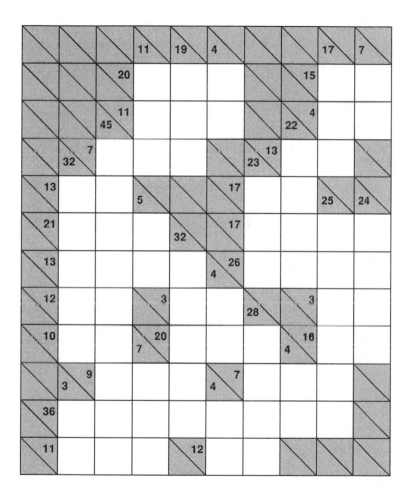

11

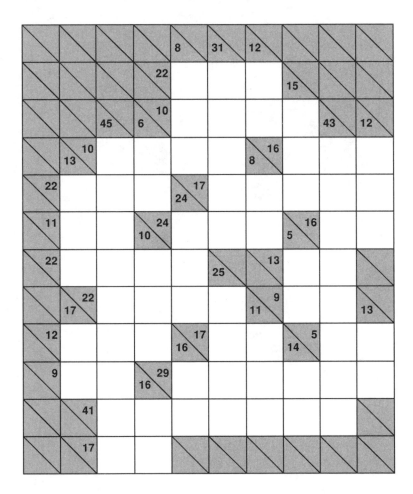

12

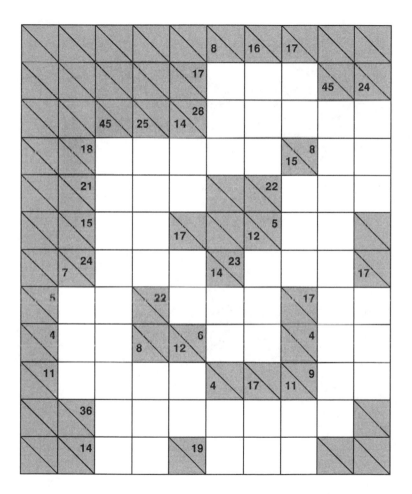

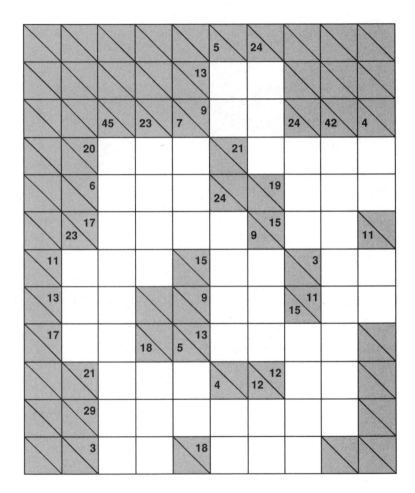

14

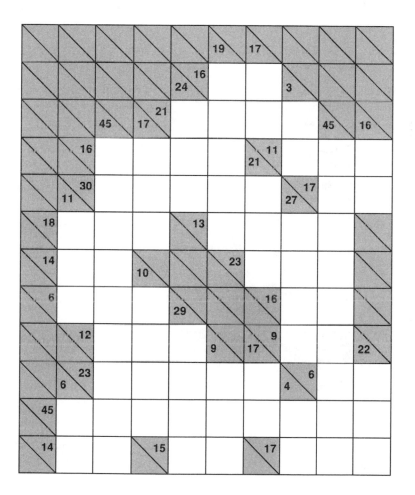

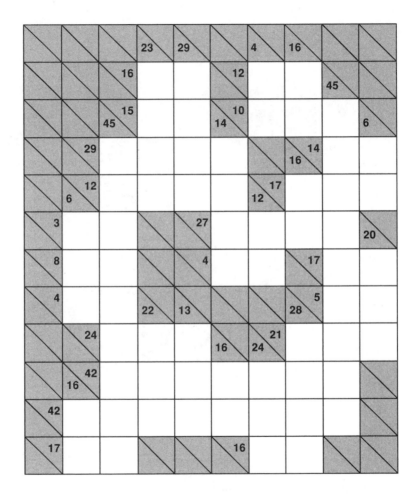

16

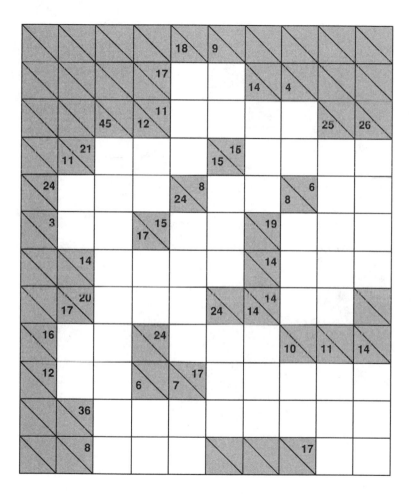

17

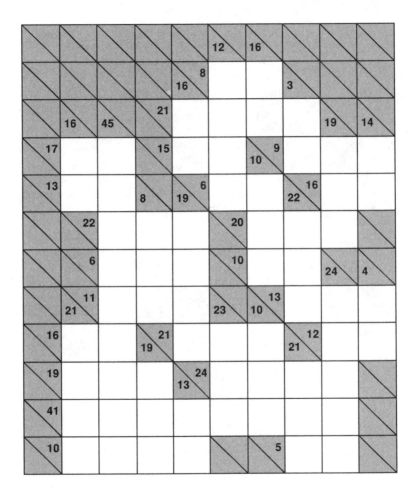

18

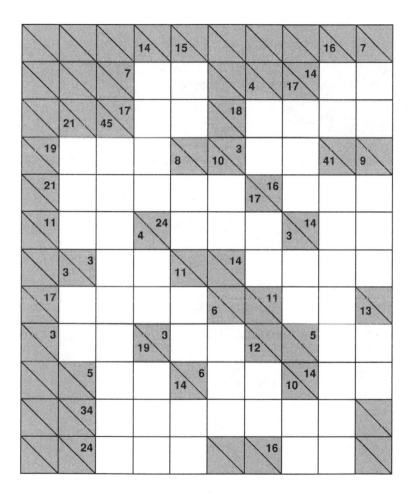

19

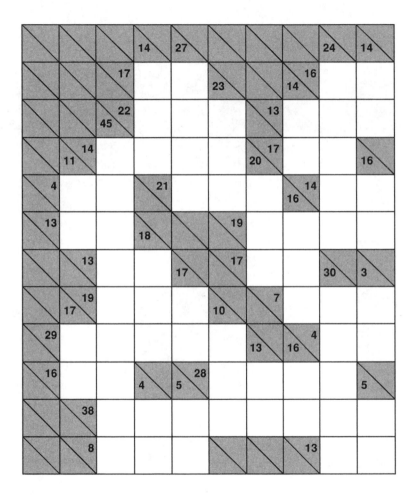

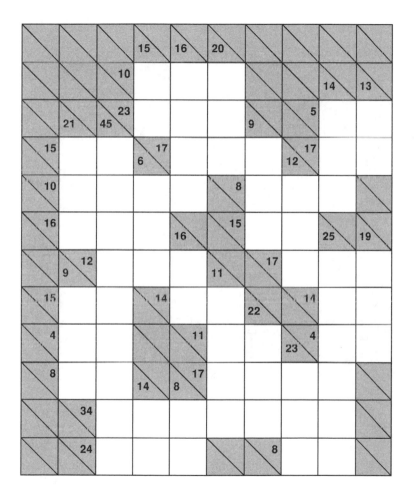

21

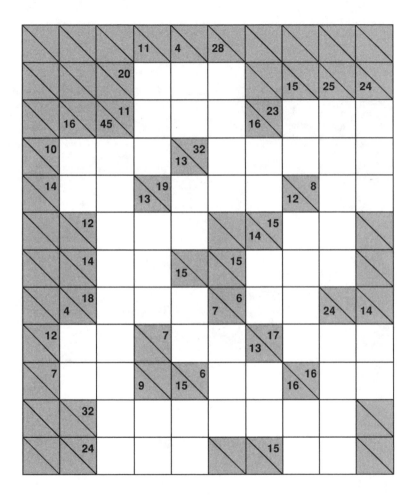

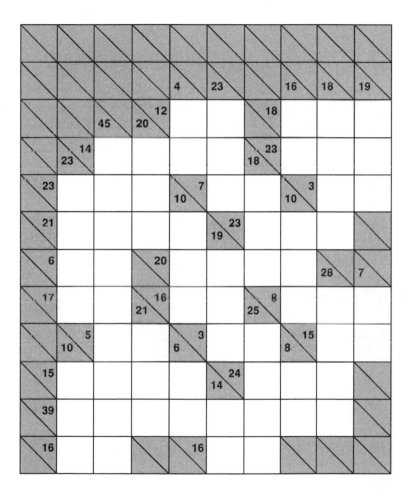

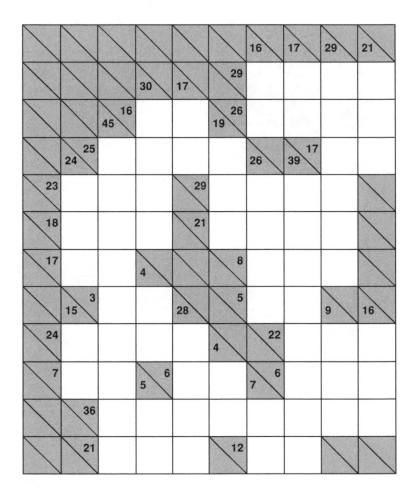

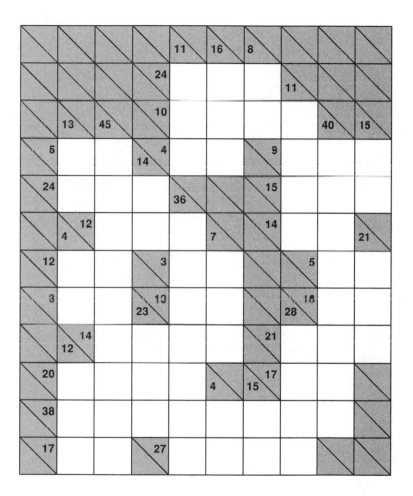

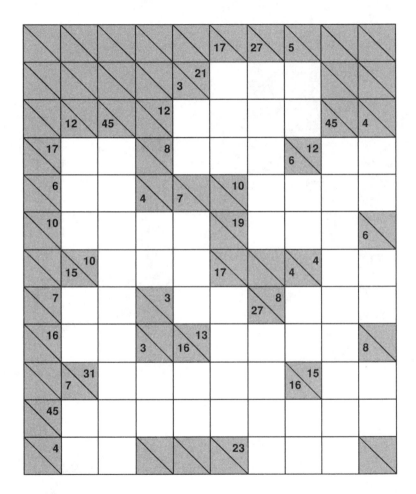

26

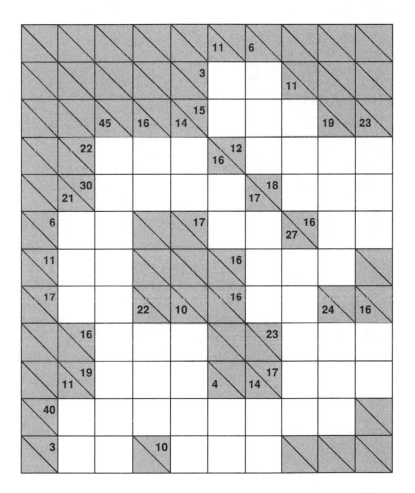

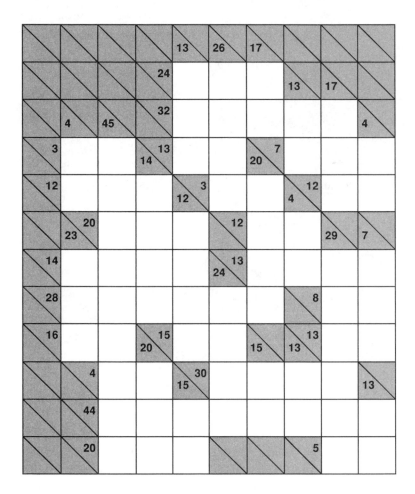

28

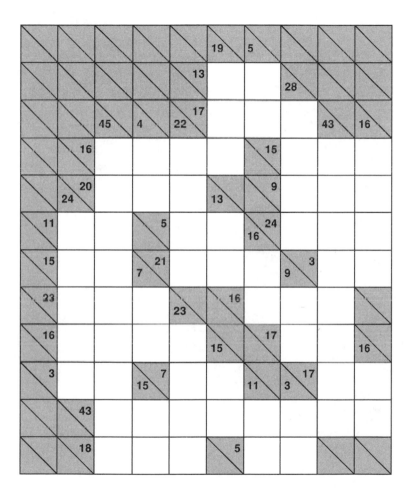

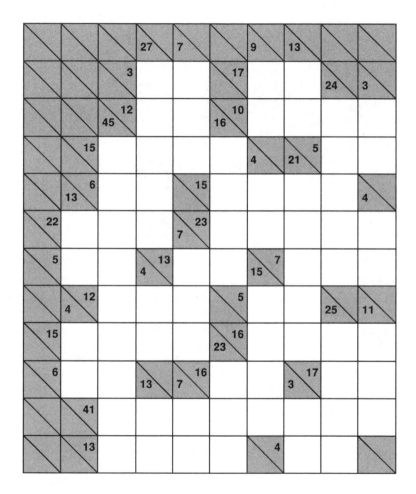

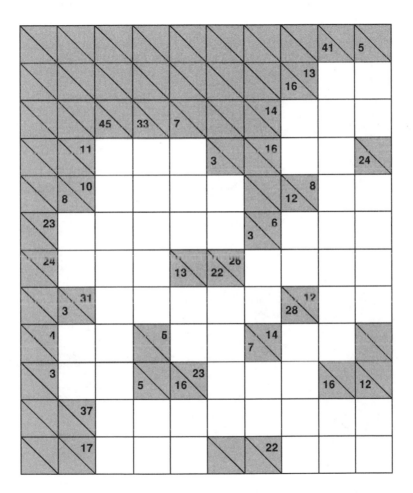

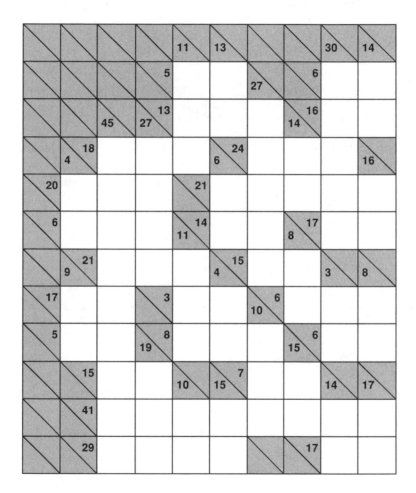

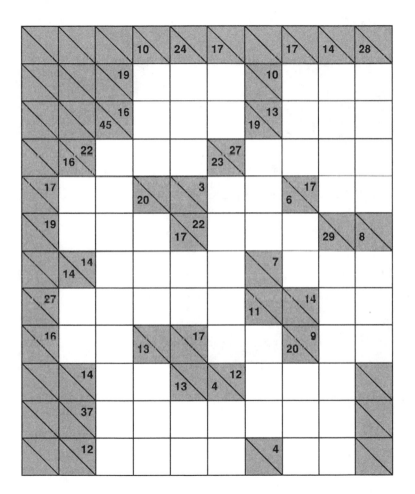

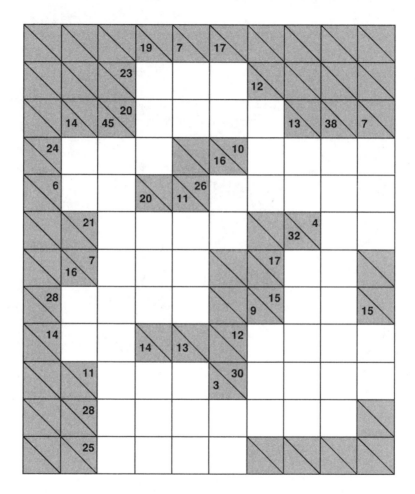

34

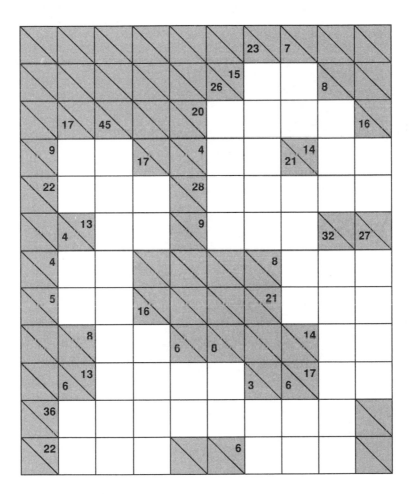

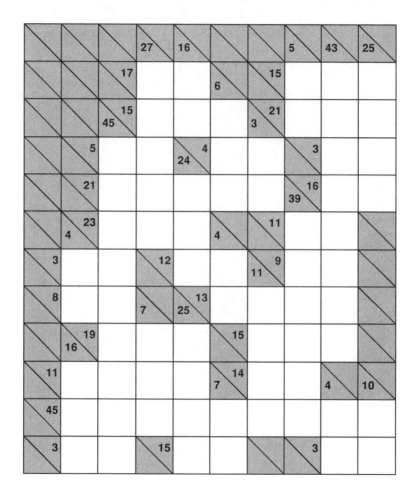

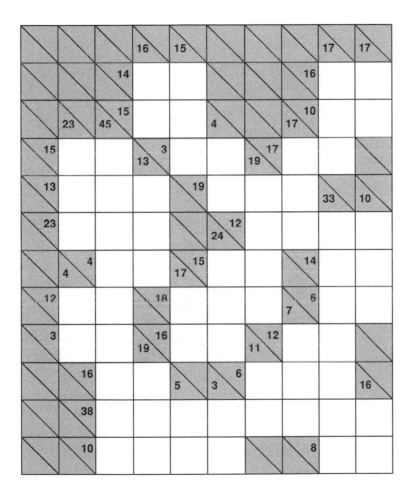

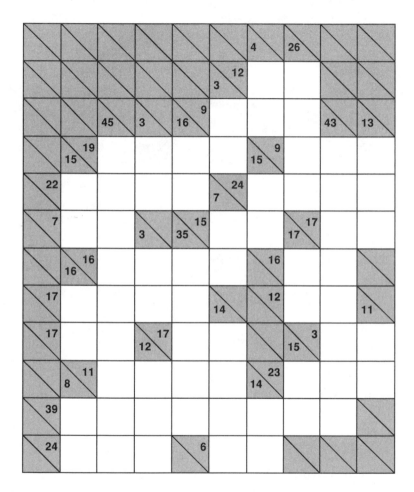

38

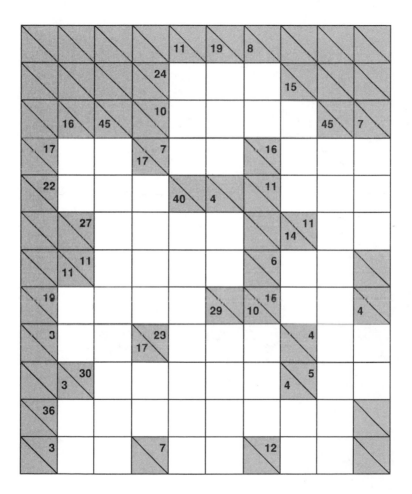

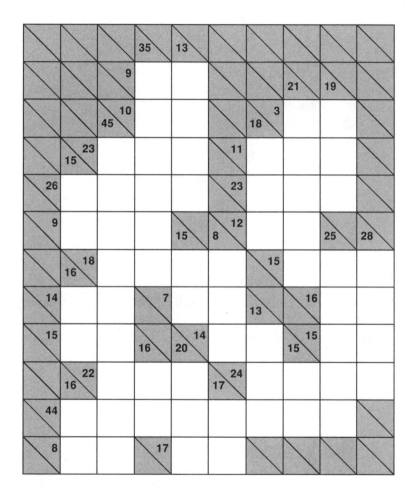

40

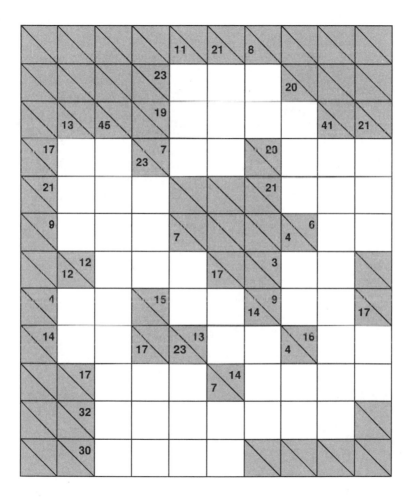

41

42

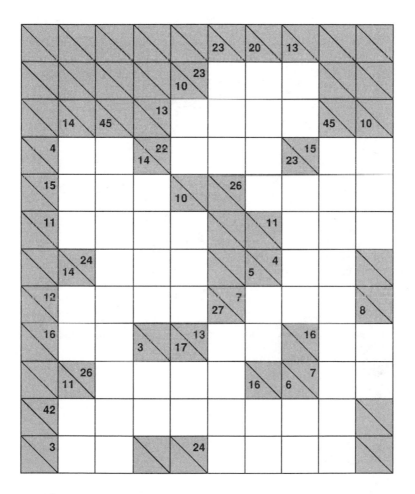

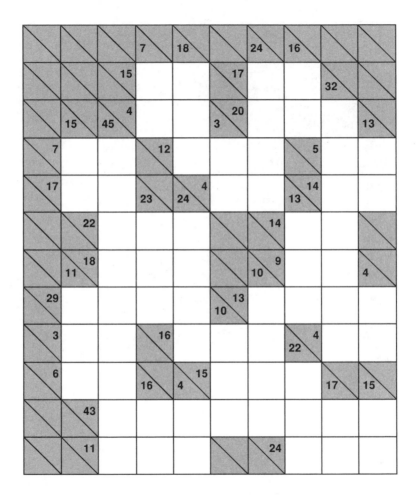

44

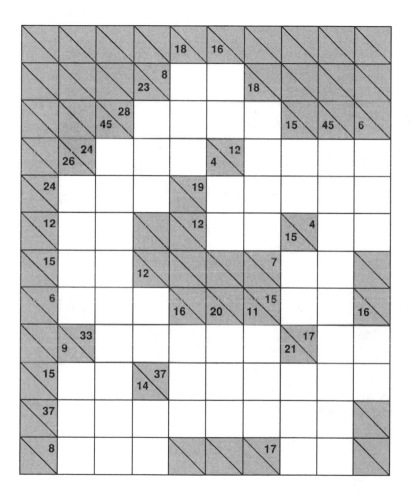

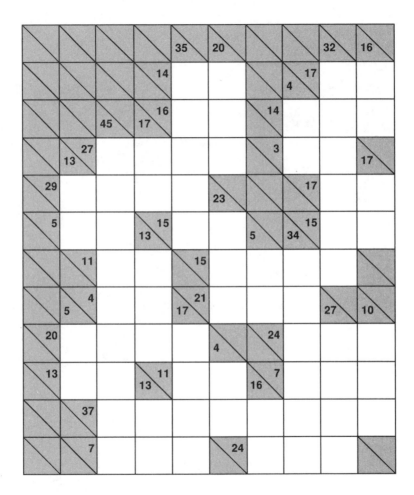

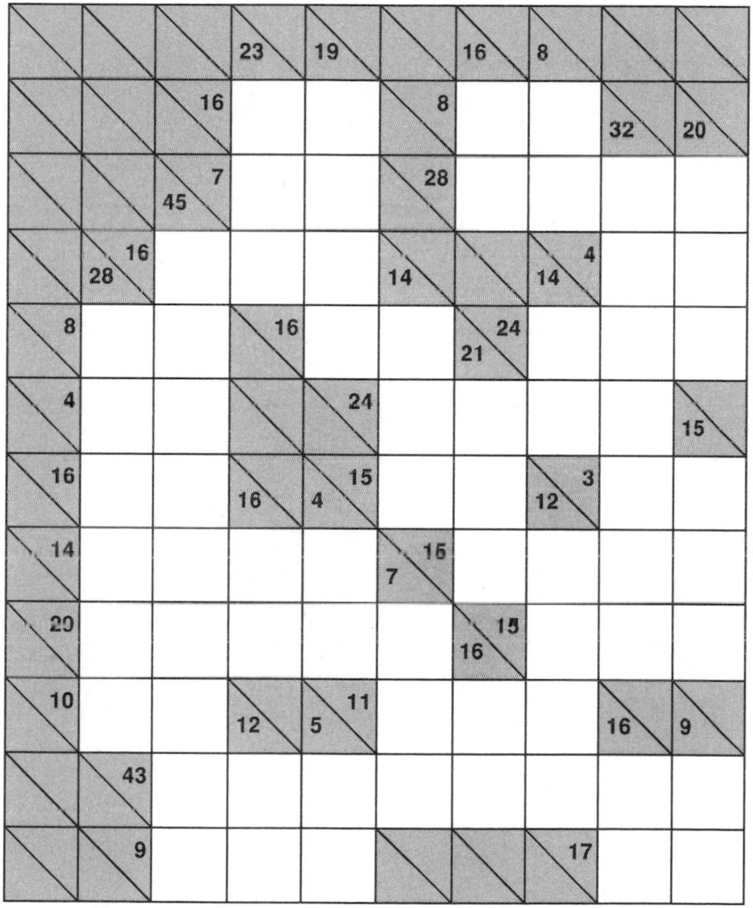

23 19 16 8
16 8 32 20
7 45 28
16 28 14 14 4
8 16 24 21
4 24 15
16 16 15 4 3 12
14 15 7
20 15 16
10 12 11 5 16 9
43
9 17

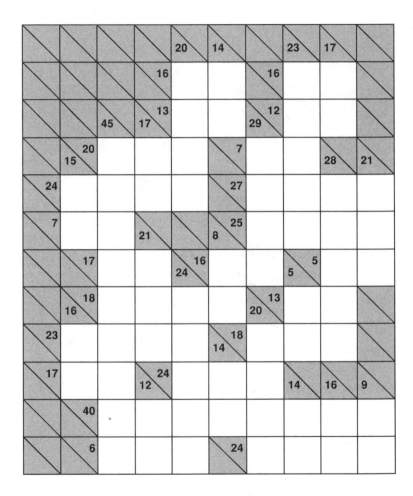

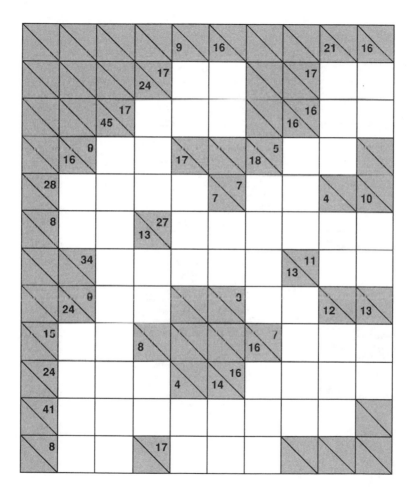

49

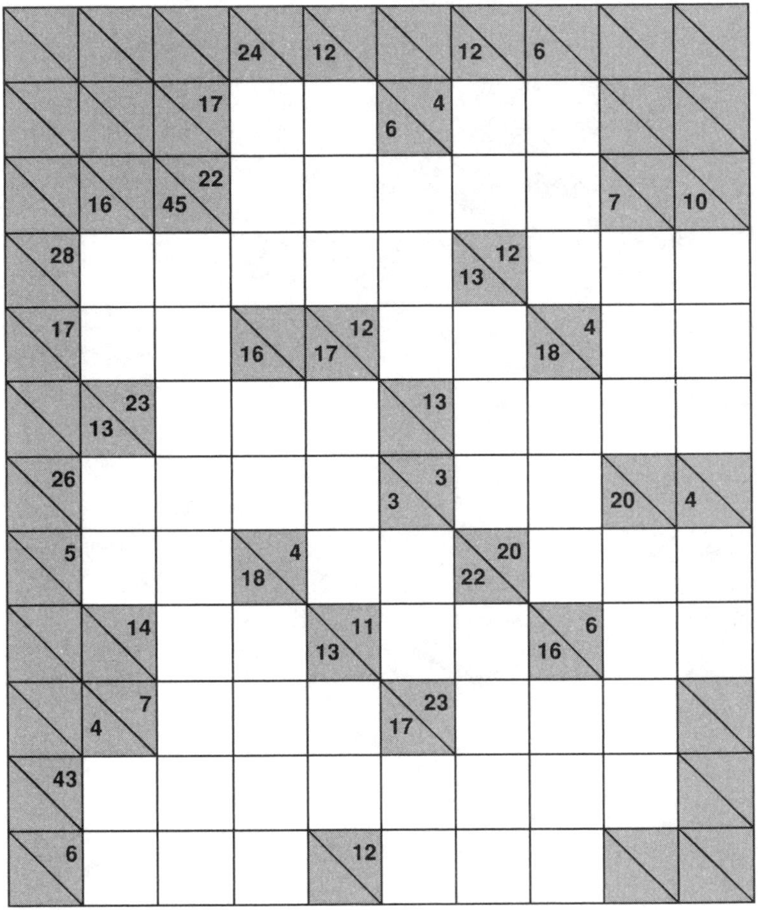
24 12 12 6
17 4 6
16 22 45 7 10
28 12 13
17 16 12 17 4 18
23 13 13
26 3 3 20 4
5 4 18 20 22
14 11 13 6 16
7 4 23 17
43
6 12

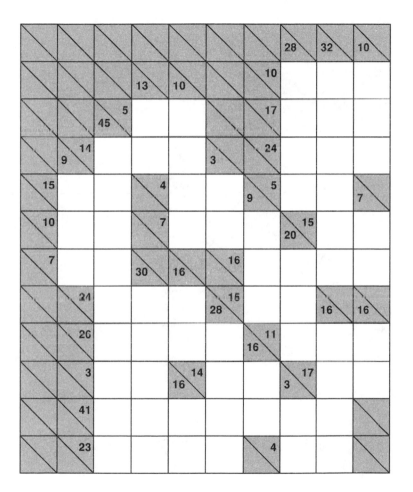

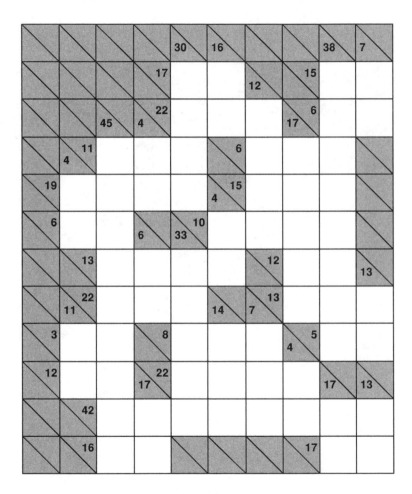

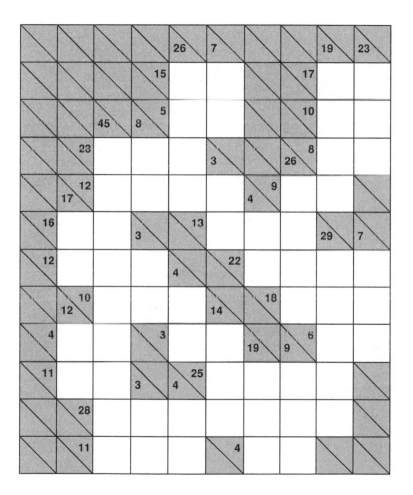

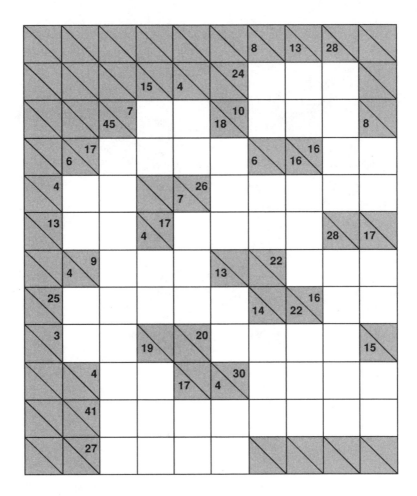

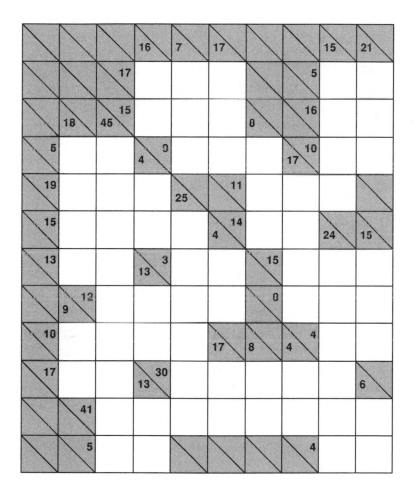

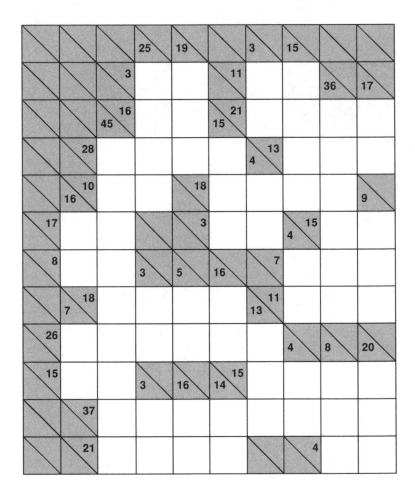

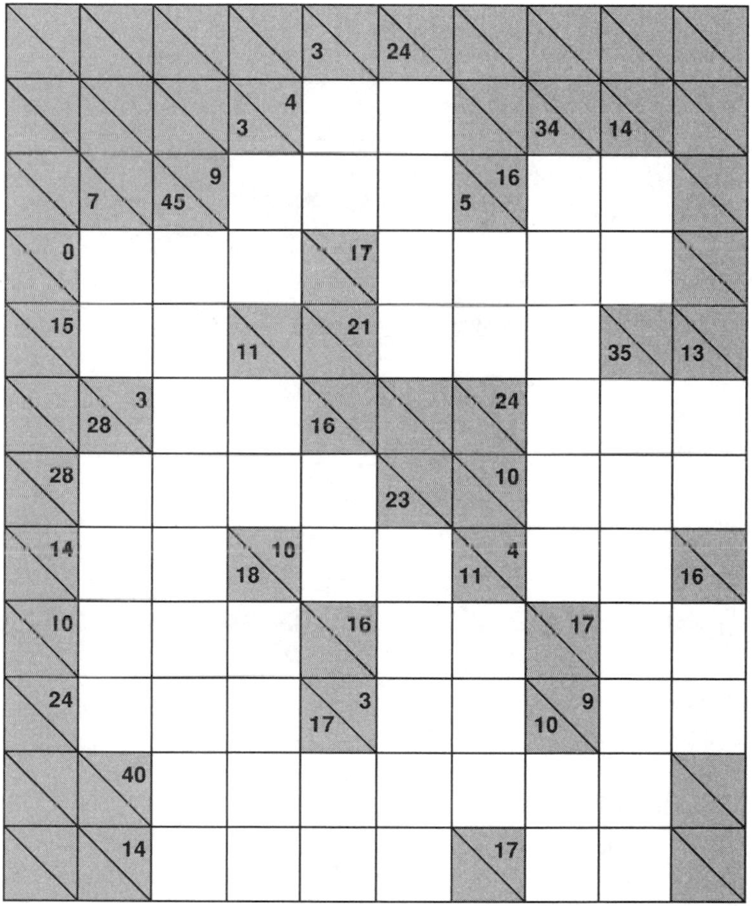
3 24
4 3 34 14
7 9 45 16 5
0 17
15 11 21 35 13
3 28 16 24
28 23 10
14 10 18 4 11 16
10 16 17
24 3 17 9 10
40
14 17

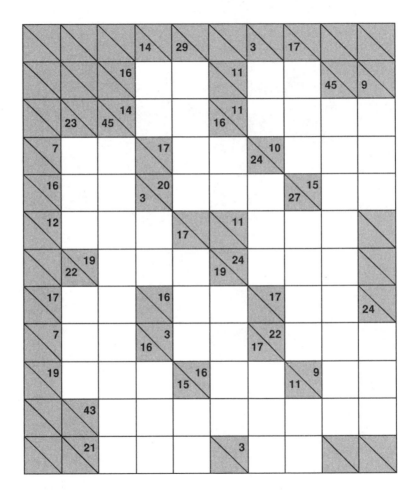

58

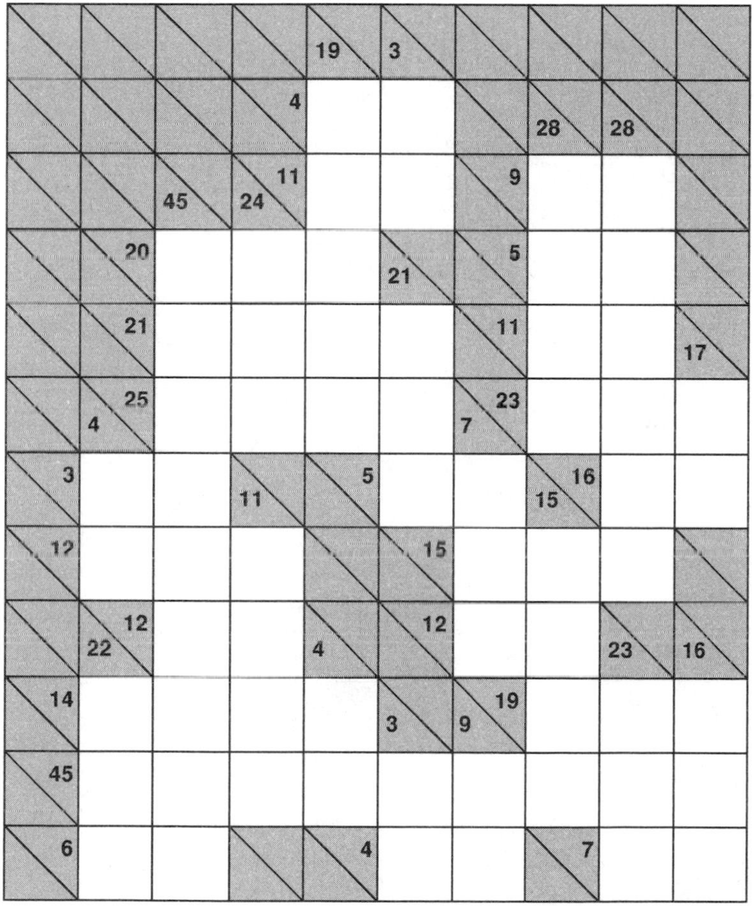
19 3
4 28 28
11 45 24 9
20 21 5
21 11 17
25 4 23 7
3 11 5 16 15
12 15
12 22 4 12 23 16
14 3 19 9
45
6 4 7

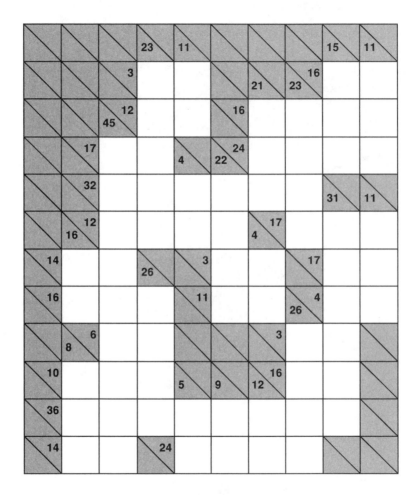

60

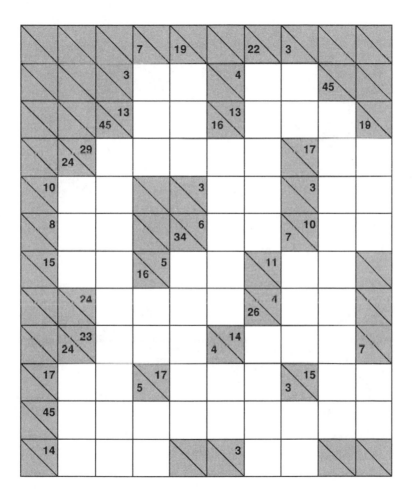

61

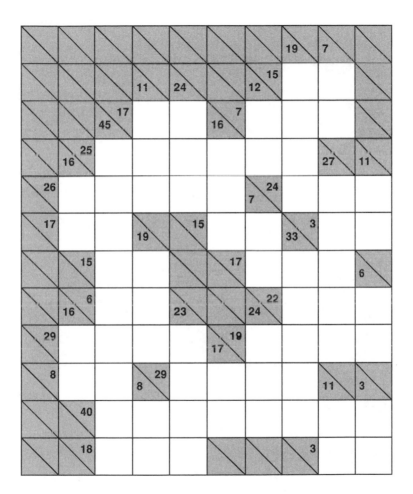

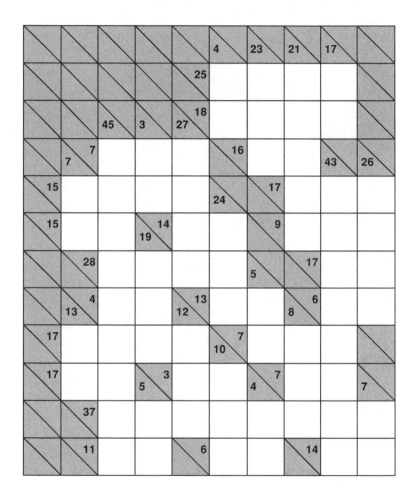

64

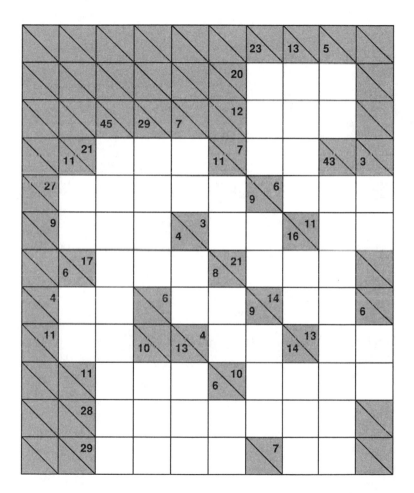

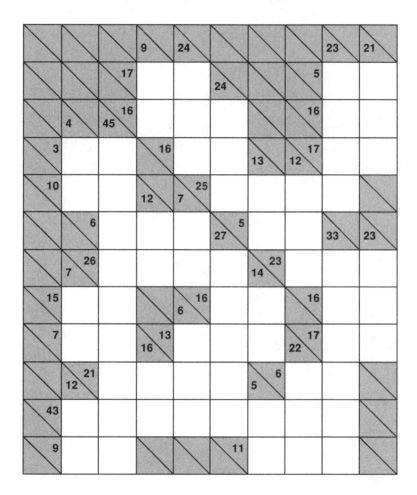

66

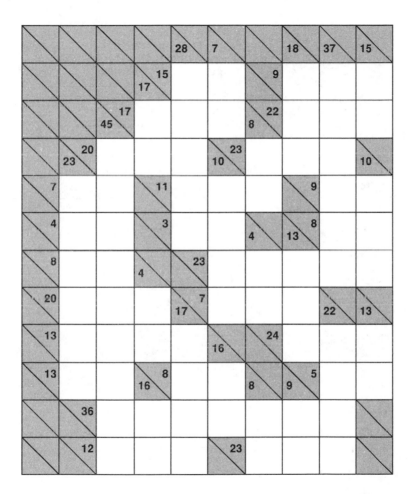

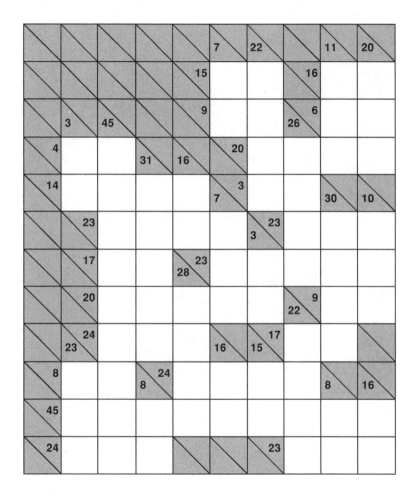

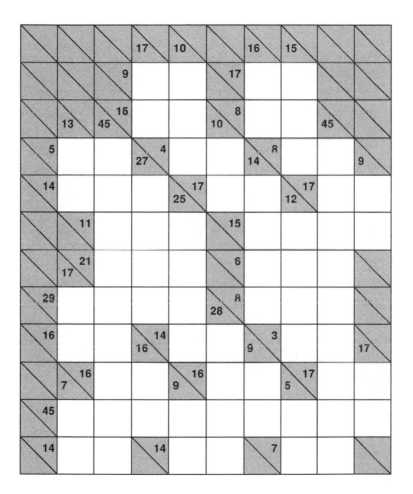

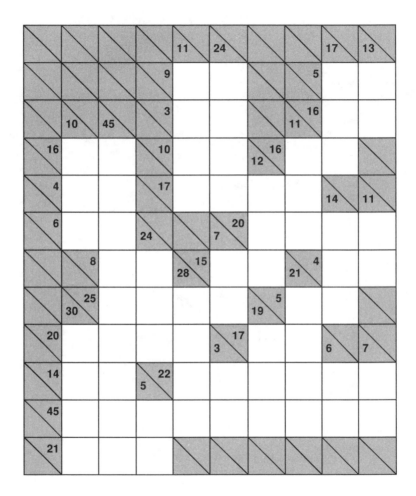

70

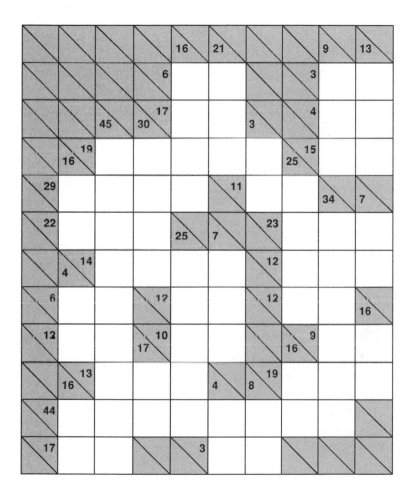

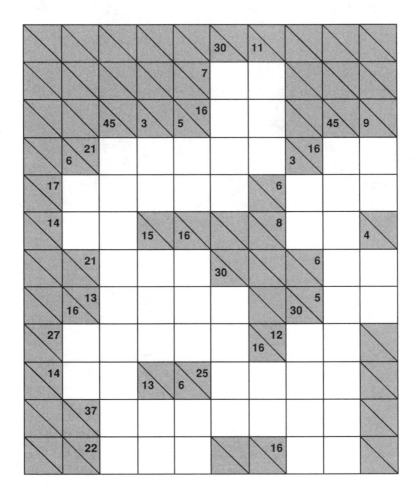

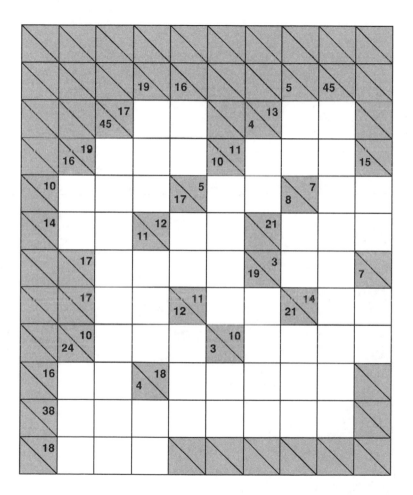

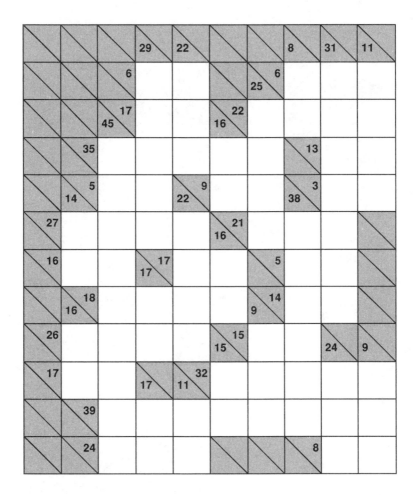

74

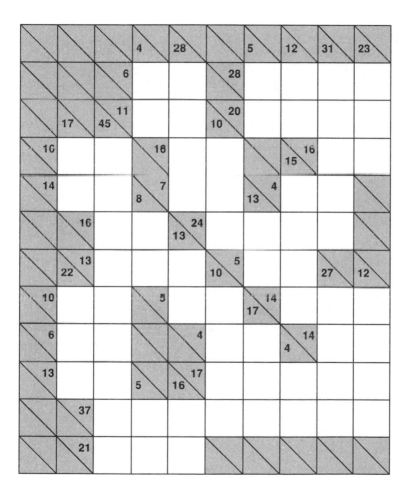

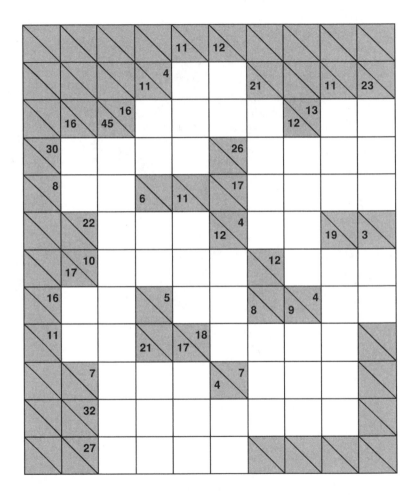

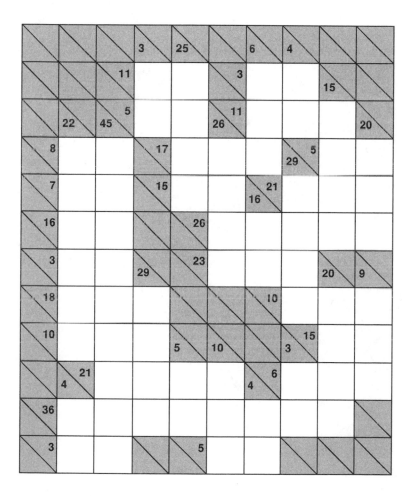

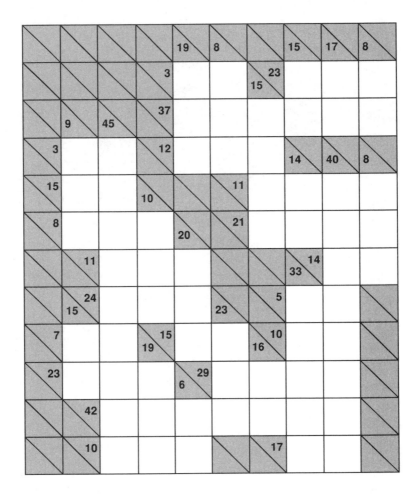

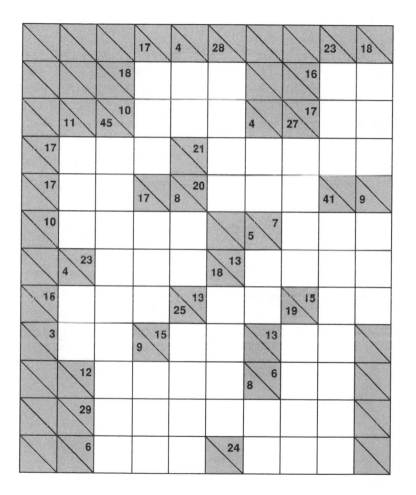

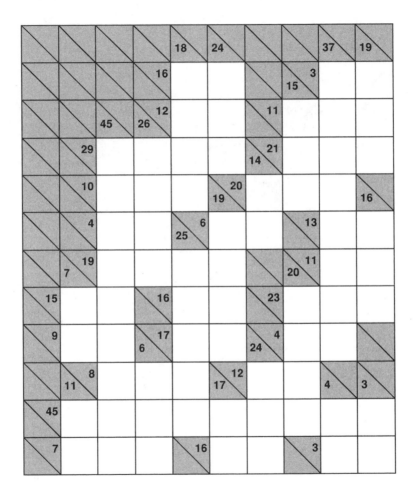

80

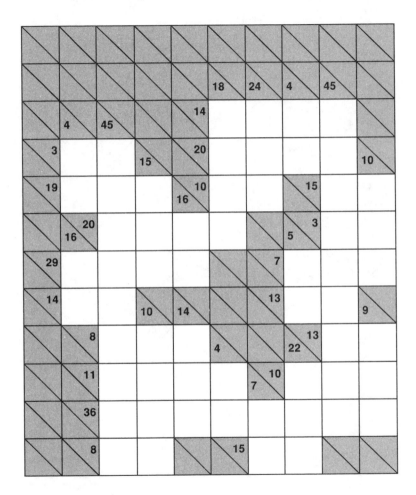

82

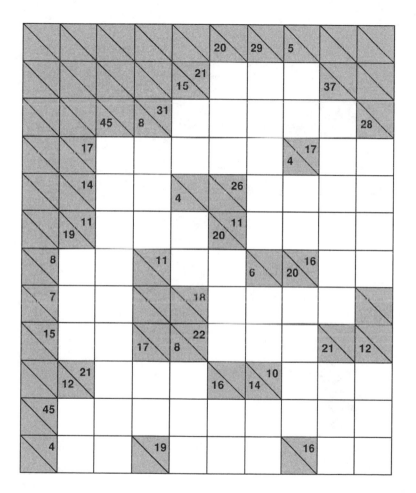

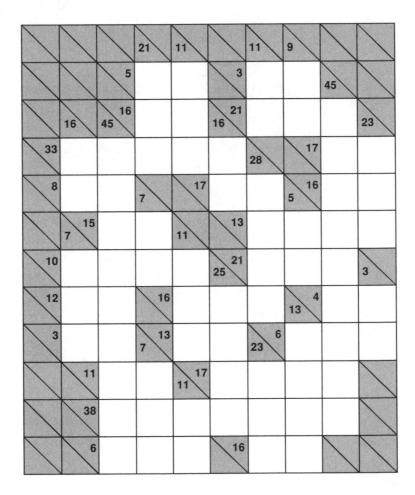

84

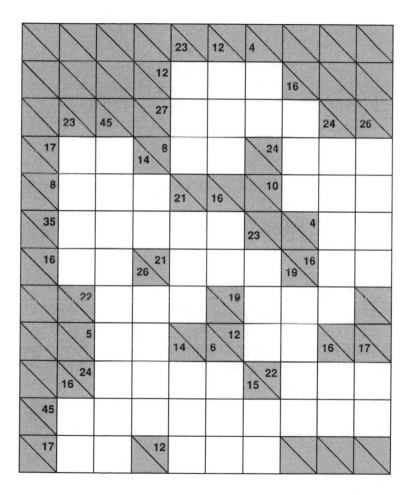

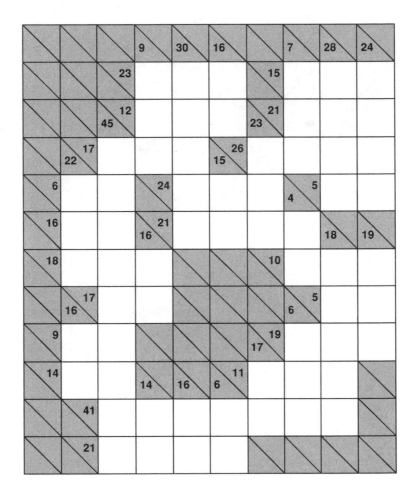

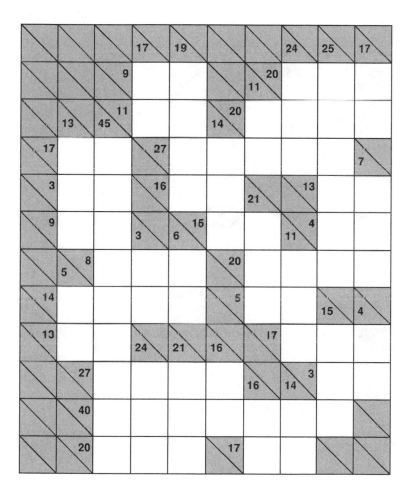

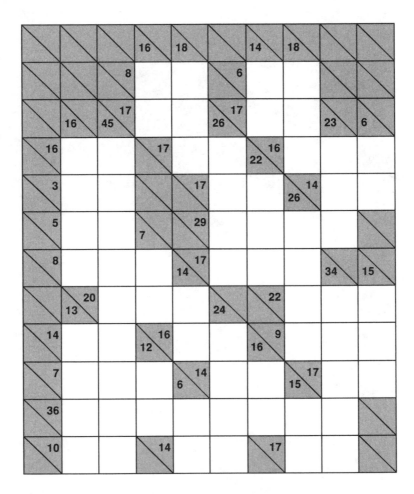

88

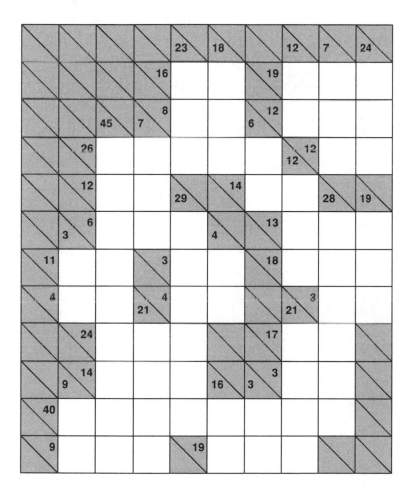

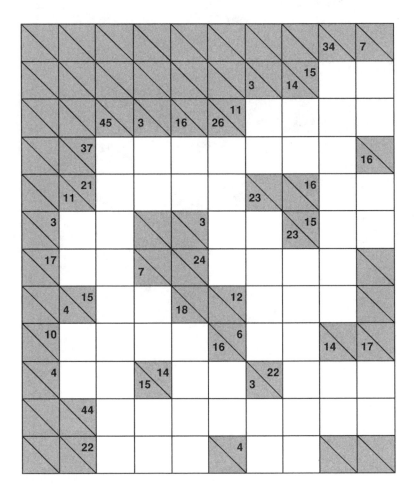

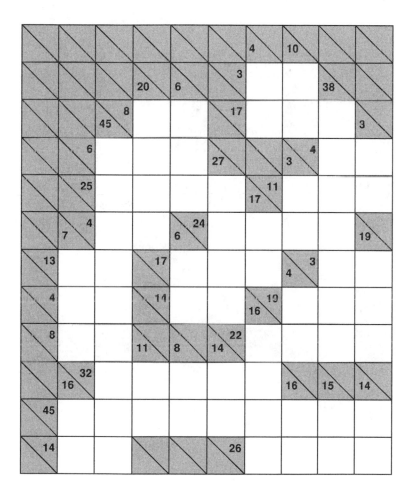

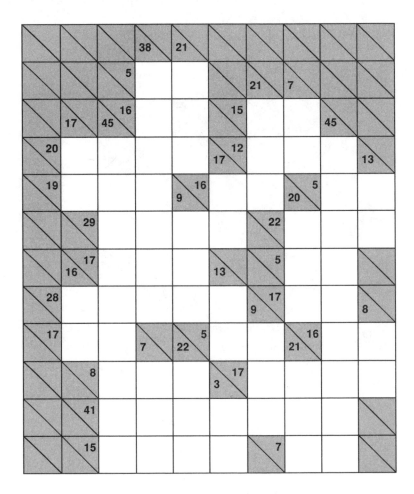

92

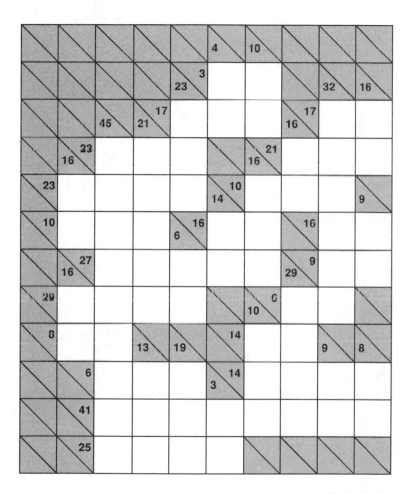

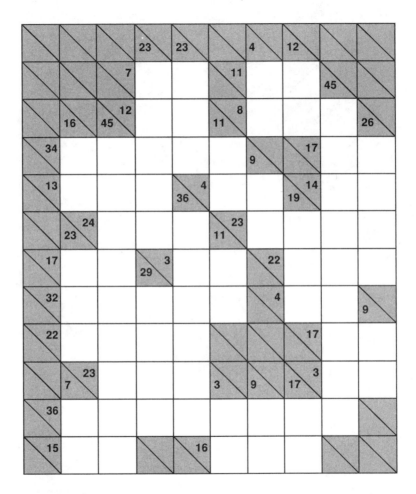

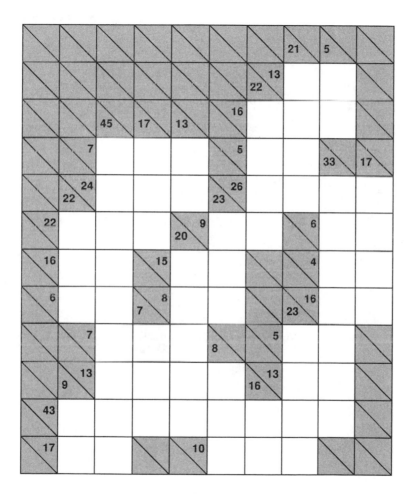

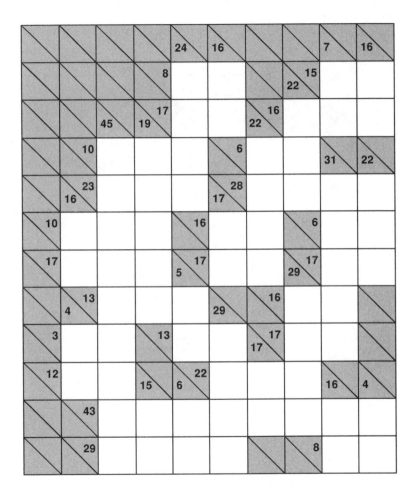

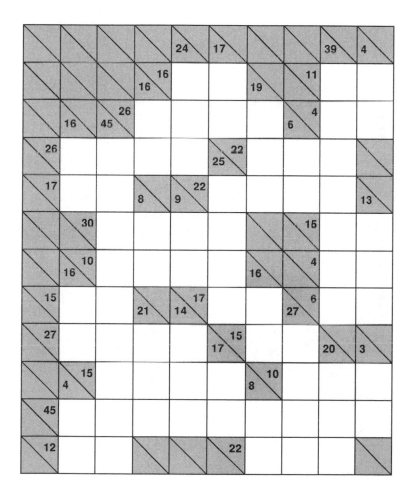

97

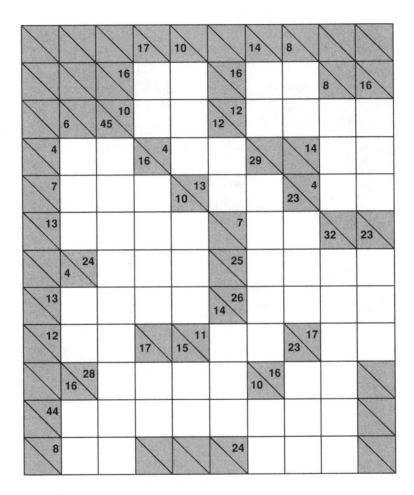

98

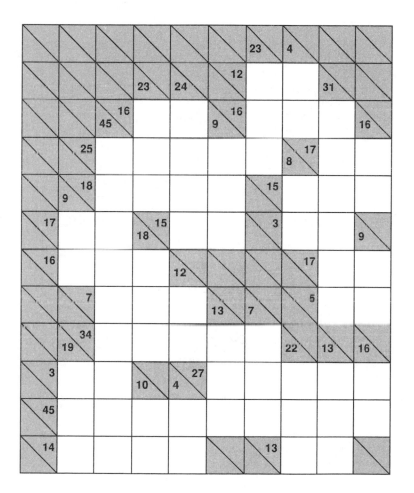

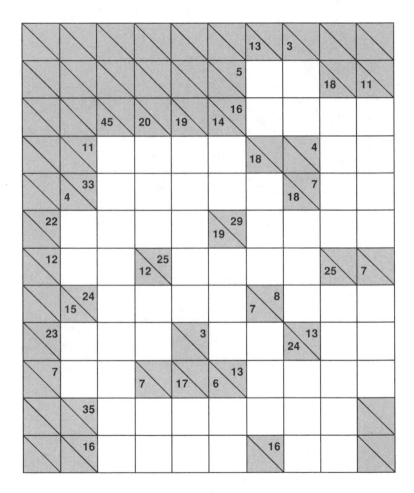

100

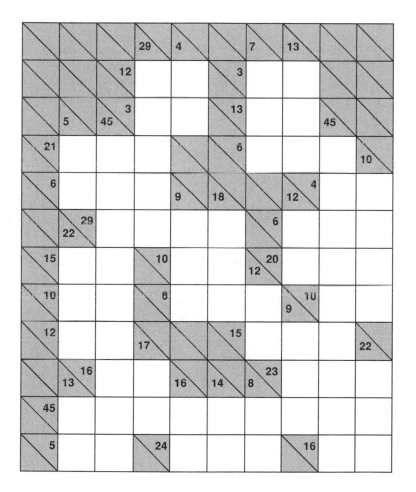

SOLUTIONS

p.1

p.2

p.3

p.4

p.5 (Kakuro)

			7	19	14				
		8	1	2	5	18			
	3	45 20	2	8	9	1	8	43	3
22	2	7	4	9	19	9	2	7	1
4	1	3	17	8	24	8	5	9	2
15 12	2	9	1		7	1	6	22	
30	9	6	8	7		15	8	7	
7	6	1	23	12		24 14	5	9	
	19	9	8	2	16	18	9	3	6
	30	8	7	6	9	12 7	6	1	
	42	5	6	3	7	9	8	4	
	7	4	2	1	4	3	1		

p.6 (Kakuro)

				24	3		15	4	
		6	4	4	3	1	3	2	1
	3	45 16	5	1	8	2	24 9	6	3
15	2	5	1	3	4	11 14	4	7	
4	1	3	16	22	9	5	8	35	10
	17	8	9	13	15	9	3	2	1
	5 15	2	7	6	17	18	9	7	2
13	4	9	6	5	1	7	16	9	7
5	1	4	23 5	2	3	7 4	1	3	
	7 4	1	6	15 27	9	6	4	8	
40	3	7	9	8	4	1	2	6	
22	1	6	8	7					

p.7 (Kakuro)

				24	16				
			16 8	1	7	18			
	45	16 19	7	2	9	1	43	13	
4	29	5	7	9	8	19 8	9	7	3
20	3	8	9	4 30	9	7	8	5	1
3	1	2	13 8	3	4	1	6 17	8	9
8 17	9	7	1		14	5	9		
6	1	3	2	14		5	1	4	14
22	5	6	4	7	16	12	6	1	5
6	2	4	14 10	1	7	2	14 12	3	9
	42	7	8	4	9	3	5	6	
	9	1	6	2	16	7	9		

p.8 (Kakuro)

							16	9	
			24	9		6 17	9	8	
	17	45	16	9	7	27 11	3	7	1
16	9	7	15	8	2	4	1	4	9
22	8	1	6	7	24 18	6	2	3	7
	16 16	9	7	17	9	8	28 3	1	2
17	7	8	2	4 24	7	9	8	17	16
14	9	5	21 11	3	8	23	6	8	9
	18 8	2	5	1		17 14	5	2	7
16	4	3	9	15	4 22	9	7	6	
39	5	4	7	9	3	8	2	1	
15	9	6	7	6	1				

p.9

			9	20					
		15\	6	9				36\	15\
	45\	\4	1	3	25\		7\	1	6
20\25	9	2	8	6	\4	3\16	7	9	
9\	5	4	16\	10\	4	3	1	2	
23\	6	8	9	21\12	3	1	2	6	5\
26\	8	2	7	4	5	30\	13\	9	4
16\	9	7	26\22	9	7	6	21\4	3	1
	18\	3	7	8	3\10	3	5	8	
	3\	1	2	16\11	1	8	2	9\	4\
	37\	5	9	7	2	4	6	3	1
	23\	6	8	9	26\	9	8	6	3

p.10

			7	21			29	4	
		7\ 15\	6	9		3\	2	1	
	22\	45\7	2	1	4	16\	28\12	9	3
8\	5	2	1	30\	8	9	7	6	
13\	8	1	4		10\	7	2	1	16\
16\	9	7	4\	15\	12\16	4	3	9	
4\18	8	1	9	30\	9	6	8	7	
15\	1	5	3	6	4\	3	1	19\	16\
12\	3	9	23\	8\	17\	21\	8	6	7
	23\	4	8	2	9	14\	14\16	5	9
	39\	3	6	5	8	9	7	1	
	18\	6	9	1	21\	5	9	7	

p.11

			11	19	4			17	7
		20\	8	9	3		15\	9	6
	45\11	2	8	1		22\	4\	3	1
32\	7\	4	1	2		23\19	8	5	
13\	6	7	5\		17\	8	9	25\	24\
21\	8	9	4	32\	17\	6	2	4	5
13\	2	3	1	7	4\26	9	3	6	8
12\	7	5	3\	2	1	28\	3\	1	2
10\	9	1	7\20	9	3	8	16\	7	9
	3\9	2	1	6	4\	7\	4	1	2
36\	2	6	4	8	1	7	3	5	
11\	1	8	2	12\	3	9			

p.12

			8	31	12				
		22\	5	9	8	15\			
	45\	6\ 10\	1	3	4	2	43\	12\	
13\	10\	3	1	2	4	8\10	9	6	1
22\	8	9	5	24\17	7	1	4	3	2
11\	4	7	10\24	9	8	7	5\16	7	9
22\	1	6	7	8	25\	13\	4	9	
17\22	5	2	7	8	11\	9\	1	8	13\
12\	9	2	1	16\17	9	8	14\5	1	4
9\	8	1	16\29	7	2	1	6	4	9
	41\	4	7	9	6	2	8	5	
	17\	8	9						

p.13

					8	16	17		
				17	4	5	8	45	24
	45	25	28/14	1	4	9	6	8
18	2	1	5	3	7	8/15	1	7
21	4	8	9		22	6	7	9
15	6	9	17		12	5	1	4
24/7	8	7	9	23/14	6	8	9	17
5	4	1	22	8	9	5	17	8	9
4	1	3	8	12/6	5	1	4	3	1
11	2	5	1	3	4	17	11/9	2	7
36	7	2	9	1	8	4	5
14	9	5	19	3	9	7

p.14

				5	24			
			13	4	9			
	45	23	7/9	1	8	24	42	4
20	7	9	4	21	7	8	5	1
6	3	2	1	24	19	9	7	3
17/23	6	8	2	1	15/9	7	8	11
11	6	1	4	15	9	6	3	1	2
13	9	4		9	8	1	15/11	2	9
17	8	9	18	13/5	6	2	1	4
21	8	9	4	4	12	3	9
29	5	8	1	3	4	2	6
3	2	1	18	1	8	9

p.15

				19	17			
			24/16	7	9	3		
	45	21/17	7	4	8	2	45	16
16	4	1	9	2	11/21	1	3	7
30/11	1	7	8	5	9	17/27	8	9
18	4	5	9	13	1	4	6	2
14	6	8	10	23	8	9	6
6	1	2	3	29	16	7	9
12	3	1	8	9	17/9	5	4	22
23/6	7	2	5	1	8	6/4	1	5
45	1	6	4	7	2	9	3	5	8
14	5	9	15	9	6	17	1	7	9

p.16

			23	29		4	16	
		16	9	7	12	3	9	45
	45	15/14	6	9	10	1	7	2	6
29	9	7	8	5	16	14	9	5
12/6	4	1	5	2	12/17	9	7	1
3	2	1	27	6	9	7	5	20
8	3	5	4	1	3	17	8	9
4	1	3	22	13	28/5	1	4
24	7	9	8	16	24/21	8	6	7
42/15	6	8	4	7	9	5	3
42	7	2	5	1	9	8	6	4
17	9	8	16	7	9

p.17

			16	9					
		17	9	8	14	4			
	45	12 11	2	1	5	3	25	26	
11 21	9	5	7	15 15	8	1	2	4	
24	9	8	7	24 8	7	1	8 6	1	5
3	2	1	17 15	9	6	19	2	8	9
14	3	8	1	2	14	1	5	8	
17 20	5	9	6	24	14 14	5	9		
16	9	7	24	8	9	7	10	11	11
12	8	4	6	7 17	7	4	3	2	1
36	6	5	2	8	3	7	1	4	
8	2	1	5			17	8	9	

p.18

					12	16			
			16 8	1	7	3			
16	45	21	7	3	9	2	19	14	
17	9	8	15	9	6	10 9	1	3	5
13	7	6	8	19 6	2	4	22 10	7	9
22	9	5	8	20	5	6	9		
6	3	1	2	10	1	9	24 4		
21 11	5	2	4	23	10 13	7	5	1	
16	9	7	10 21	5	9	7	21 12	9	3
19	6	4	9	13	8	1	9	6	
41	5	1	7	9	6	2	8	3	
10	1	2	3	4		5	4	1	

p.19

			14	15				16	7
			1	6		4	17 14	9	5
21	45 17	8	9	18	3	6	7	2	
19	8	9	2	8	10 3	1	2	41	9
21	7	8	3	1	2	17 16	9	6	1
11	6	5	4	24	7	8	9	3 14	8	6
3 3	2	1	11	14	8	1	3	2	
17	1	4	3	9	6	11	2	9	13
3	2	1	19 3	2	1	12	5	1	4
5	3	2	14 6	2	4	10 14	5	9	
34	6	9	5	3	8	1	2		
24	7	8	9		16	9	7		

p.20

			14	27				24	11
		17	8	9	23		14 16	7	9
	45 22	5	8	9	13	6	2	5	
14 11	3	1	4	6	17 20	8	9	16	
4	3	1	21	6	8	7	14 16	5	9
13	8	5	18		19	5	6	1	7
13	9	4	17	17	8	9	30 3		
17 19	2	9	8	10	7	1	4	2	
29	8	6	5	9	1	13	16 4	3	1
16	9	7	4	28 5	4	9	7	8	5
38	8	3	2	5	4	9	6	1	
8	4	1	3			13	9	4	

p.21

				15	16	20				
			10	6	1	3			14	13
	21	45\23	9	6	8	9		5	1	4
15	8	7	6\17	7	9	1	12\17		8	9
10	4	1	3	2		8	2	1	5	
16	9	5	2	16		15	6	9	25	19
	9\12	4	1	7	11		17	2	8	7
15	6	9	14	9	5	22		14	5	9
4	1	3		11	2	9	23\4		1	3
8	2	6	14	8\17	1	5	8	3		
	34	2	5	1	3	8	9	6		
	24	8	9	7		8	6	2		

p.22

				11	4	28				
			20	8	3	9		15	25	24
	16	45\11	2	1	8	16\23		6	8	9
10	7	2	1	13\32	5	7	9	3	8	
14	9	5	13\19	4	6	9	12\8	1	7	
12	1	2	9		14\15	6	9			
14	8	6	15		15	9	2	4		
4\18	4	5	9	7\6		5	1	24	14	
12	3	9	7	6	1	13\17	3	9	5	
7	1	6	9	15\6	2	4	16\16	7	9	
	32	3	1	6	4	9	7	2		
	24	7	8	9		15	9	6		

p.23

				4	23		16	18	19	
		45	20\12	3	9	18	7	2	9	
23\14	2	3	1	8	18\23	9	6	8		
23	8	6	9	10\7	6	1	10\3	1	2	
21	5	7	8	1	19\23	8	6	9		
6	1	5	20	2	8	9	1	28	7	
17	9	8	21\16	7	9	25\8	3	4	1	
10	5	1	4	6\3	2	1	8\15	9	6	
15	1	4	8	2	14\24	9	7	8		
39	2	3	9	4	5	8	1	7		
16	7	9		16	9	7				

p.24

					16	17	29	21	
		30	17	29	9	8	5	7	
	45\16	7	9	19\26	7	9	4	6	
24\25	3	9	8	5	26	17\39	9	8	
23	9	6	8	29	8	9	5	7	
18	7	5	6	21	6	8	4	3	
17	8	9	4		8	5	2	1	
15\3	2	1	28		5	4	1	9\16	
24	9	4	3	8	4	22	7	6	9
7	6	1	5\6	5	1	7\6	3	1	2
36	7	1	6	3	4	8	2	5	
21	8	4	9	12	3	9			

p.25

p.26

p.27

p.28

p.29

p.30

p.31

p.32

Kakuro grid p.33:

			10	24	17		17	14	28
		19	2	8	9	10	5	1	4
	45\16	1	7	8	19\13	3	2	8	
16\22	6	7	9	23\27	8	9	3	7	
17	9	8	20	\3	1	2	6\17	8	9
19	7	3	9	17\22	0	9	5	29	8
14\14	1	3	8	2	\7	1	4	2	
27	5	2	8	9	3	11	\14	9	5
16	9	7	13	\17	9	8	20\9	8	1
	14	9	5	13	\4\12	1	9	2	
	37	4	6	9	3	2	8	5	
	10	5	2	4	1	\4	3	1	

Kakuro grid p.34:

			19	7	17				
		23	9	6	8	12			
	14	45\20	2	1	9	8	13	36	7
24	9	7	8	16	\10	3	4	1	2
6	5	1	20	\20\11	7	1	9	5	4
	21	3	7	2	9	32	\4	3	1
16\7	2	4	1			17	8	9	
28	7	4	9	8	9	\15	9	6	15
14	9	5	14	\13	\12	1	3	2	6
	11	8	1	2	3\30	6	7	8	9
	28	6	7	3	1	2	5	4	
	24	9	6	8	2				

Kakuro grid p.35:

					23	7			
				26	\15	9	6	8	
	17	45		20	9	8	1	2	16
9	8	1	17	\4	3	1	21	5	9
22	9	5	8	28	8	3	9	1	7
	4\13	4	9	\9	6	2	1	32	27
4	1	3			\8	3	1	4	
5	3	2	16		21	8	4	9	
	8	7	1	6	\8	\14	8	6	
6\13	6	4	1	2	3\6	17	9	8	
36	1	8	3	5	6	2	4	7	
22	5	9	8		\6	1	2	3	

Kakuro grid p.36:

			27	16			6	43	26
		17	8	9	6	15	1	8	6
	45	\15	6	7	2	3\21	4	9	8
	5	4	1	24	\4	3	1	\8	1	2
	21	8	3	7	1	2	39\16	7	9
	4\23	6	9	8	4	\11	7	4	
3	1	2	12	9	3	11\9	6	3	
8	3	5	7	25\13	1	3	4	5	
16\19	9	2	8	\15	1	8	6		
11	5	3	1	2	7\14	5	9	4	10
45	9	7	4	6	1	2	5	3	8
3	2	1	\15	9	6	\3	1	2	

113

Kakuro Puzzles

p.37

			16\	15\			17\	17\
		\14	9	5		16\	7	9
\23	45\	\15	7	8	4\	17\	2	8
15\ 9	6	13\	3\ 2	1	19\	17\ 9	8	
13\ 8	4	1	19\ 3	9	7	33\ 7	10\	
23\ 6	8	9	24\	12\ 2	1	6	3	
4\ 4	1	3	17\ 15\ 8	7	14\	9	5	
12\ 3	9	18\ 8	9	1	7\ 6\	4	2	
3\ 1	2	19\ 16\ 9	7	11\ 12\	4	8		
16\ 7	9	5\	3\	6\ 3	1	2	16\	
38\ 5	6	4	1	8	2	3	9	
10\ 3	4	1	2		8\ 1	7		

p.38

Solution digits by row:
- 3 9
- 2 1 6
- 7 2 9 1 · 4 3 2
- 9 5 1 7 · 6 7 8 3
- 6 1 · 6 9 · 9 8
- 6 2 7 1 · 9 7
- 7 3 1 6 · 8 4 1
- 9 8 · 9 8 · 1 2
- 2 1 5 3 · 8 6 9
- 1 4 3 8 2 9 7 5
- 7 9 8 · 1 5

p.39

Solution digits by row:
- 8 9 7
- 2 4 1 3
- 9 8 · 1 6 · 7 8 1
- 7 9 6 · 5 4 2
- 7 8 9 3 · 7 4
- 3 2 5 1 · 5 1
- 9 6 1 3 · 9 6
- 2 1 · 8 9 6 · 3 1
- 5 9 7 8 1 · 2 3
- 2 4 8 6 7 3 1 5
- 1 2 · 2 5 · 3 9

p.40

Solution digits by row:
- 7 2
- 9 1 · 1 2
- 9 8 6 · 1 2 8
- 9 7 6 4 · 8 6 9
- 6 2 1 · 9 3
- 3 4 9 2 · 9 1 5
- 9 5 · 6 1 · 7 9
- 7 8 · 5 9 · 9 6
- 6 9 7 · 1 9 6 8
- 9 4 7 5 8 3 6 2
- 7 1 · 8 9

114

p.41

p.42

p.43

p.44

p.41

				11	21	8				
			23	8	9	6	20			
	13	45	19	1	7	2	9	41	21	
17	8	9	7/23	2	5	23	6	8	9	
31	4	8	9			21	5	9	7	
9	1	2	6	7		4/6	1	5		
12/12	3	8	1	17	3	1	2			
4	3	1	15	6	9	14/9	3	6	17	
14	9	5	17/13/20	8	5	4/16	7	9		
	17	4	7	6	7/14	2	1	3	8	
	32	6	2	8	1	7	3	5		
	30	7	8	9	6					

p.42

			23	10						
		7	6	1		12	13			
	17	12/45	8	4	5	1	4	42	23	
26	8	4	9	5	29/20	8	9	5	7	
16	9	7	25	14	1	3	16	7	9	
	22	6	7	5	4	3	5	1	4	
	29	5	8	9	7	6	1	2	3	
	9/17	8	9	10	3	1	2	4	16	
6	2	3	1	11	8	3	17/8	8	9	
16	7	9	11	13	4	21/17	5	9	7	
	30	2	5	4	1	9	3	6		
	27	1	6	9	3	8				

p.43

				23	20	13				
			10/23	8	6	9				
	14	45	13	2	6	1	4	45	10	
4	1	3	14/22	8	9	5	15/23	8	7	
15	8	5	2	10	26	8	9	7	2	
11	5	2	3	1	11	7	3	1		
	14/24	9	8	7	5	4	3	1		
12	5	4	1	2	27/7	1	4	2	8	
16	9	7	3	17/13	9	4	16	9	7	
	11/26	8	2	9	7	16	7/6	6	1	
42	9	6	1	8	5	7	2	4		
3	2	1	24	6	9	4	5			

p.44

			7	18		24	16			
		15	6	9	17	8	9	32		
	15	4/45	1	3	20/3	9	7	4	13	
7	6	1	12	6	2	4	5	1	4	
17	9	8	23	24/4	1	3	14/13	5	9	
	22	9	6	7	14	5	9			
	11/18	6	8	4	10/9	1	8	4		
29	8	7	9	5	13/10	1	7	2	3	
3	1	2	16	8	5	3	22/4	3	1	
6	2	4	16	15	4	2	9	17	15	
	43	5	9	3	1	4	6	8	7	
	11	3	7	1	24	7	9	8		

115

Kakuro solution grid (p.45):

				18\	16\				
			23\8	1	7	18\			
		45\28	6	8	9	5	15\	45\	6\
	26\24	7	8	9	4\12	1	6	2	3
24\	7	8	9	19\	1	3	9	4	2
12\	8	4		12\	3	9	15\4	3	1
15\	9	6	12\			7\	6	1	
6\	2	1	3	16\	20\	11\15	9	6	16\
9\33	5	9	8	7	4	21\17	8	9	
15\	6	9	14\37	2	8	6	9	5	7
37\	2	3	9	6	5	1	4	7	
8\	1	2	5			17\	8	9	

Kakuro solution grid (p.46):

				35\	20\			32\	16\
			14\	5	9		4\17	8	9
		45\	17\16	9	7	14\	3	4	7
	13\27	6	9	8	4	3\	1	2	17\
29\	9	5	8	7	23\		17\	9	8
5\	4	1	13\15	6	9	5\	34\15	6	9
11\	8	3	15\	6	1	5	3		
5\4	3	1	17\21	8	4	9	27\	10\	
20\	1	7	9	3	4\	24\	8	9	7
13\	4	9	13\11	8	3	16\7	2	4	1
37\	4	9	5	1	7	3	6	2	
7\	2	4	1	24\	9	7	8		

Kakuro solution grid (p.47):

			23\	19\		16\	8\		
		16\	9	7	8\	7	1	32\	20\
	45\7	6	1	28\	9	7	4	8	
28\16	6	8	2	14\		4\	1	3	
8\	6	2	16\	9	7	21\24	8	7	9
4\	3	1		24\	1	8	6	9	15\
16\	9	7	18\	4\15	6	9	12\3	2	1
14\	2	4	7	1	7\15	4	2	3	6
29\	7	8	9	3	2	16\15	1	6	8
10\	1	9	12\	5\11	1	7	3	16\	9\
	43\	5	8	3	4	9	6	7	1
	9\	3	4	2			17\	9	8

Kakuro solution grid (p.48):

			20\	14\		23\	17\		
		16\	7	9	16\	7	9		
	45\	17\13	8	5	29\	12\	4	8	
15\20	7	9	4	7\	5	2	28\	21\	
24\	9	6	8	1	27\	7	9	3	8
7\	6	1	21\	8\	25\	8	1	7	9
17\	9	8	24\16	7	9	5\	1	4	
16\18	5	4	8	1	20\13	4	9		
23\	7	3	9	4	14\18	9	1	8	
17\	9	8	12\24	9	8	7	14\	16\	9\
40\	4	9	2	6	3	8	7	1	
6\	2	3	1	24\	1	6	9	8	

p.49

				9	16			21	15
			24/17	8	9		17	8	9
		45/17	9	1	7	16/16	9	7	
	16/9	2	7	17/		18/5	1	4	
28	9	4	8	7	7/7	1	6	4/	10
8	7	1	13/27	4	3	8	9	1	2
	34	8	9	6	4	7	13/11	3	8
	24/5	5	4		3/	2	1	12/	13
15	9	6			10/	7	2	1	4
24	8	9	7	4/	14/16	1	4	2	9
41	2	7	1	3	5	8	6	9	
8/	5	3	17/	1	9	7			

p.50

			24	12			12	6	
		17	9	8	6/4	3	1		
	16/	45/22	7	1	2	9	3	7/	10
28	7	9	8	3	1	13/12	2	4	6
17	9	8	16/	17/12	3	9	18/4	1	3
	13/23	6	9	8	13/	3	7	2	1
26	9	4	7	6	3/	1	2	20/	4
5	4	1	18/4	3	1	22/20	9	8	3
	14	5	9	13/11	2	0	18/	5	1
	4/7	2	1	4	17/	8	9	6	
43	3	7	6	9	8	4	5	1	
6/	1	3	2	12/	9	1	2		

p.51
p.52

p.51

							28	32	10
			13	10		10/	7	2	1
		15/5	4	1		17	8	7	2
	9/14	3	9	2	3/	24	9	8	7
15	6	9	4/	3	1	9/5	4	1	7/
10	2	8	7/	4	2	1	20/15	9	6
7	1	6	30/	16/	16	2	8	5	1
	24	7	8	9	28/15	6	9	16/	16
	26	4	9	7	6	16/11	3	1	7
	3/	1	2	16/14	5	9	3/17	8	9
	41	5	6	9	8	7	2	4	
	23/	2	5	7	9	4/	1	3	

p.52

				30	16			38	7
			17	8	9	12/	15/	9	6
		45/	4/22	9	7	6	17/6	5	1
	4/11	2	3	6	6/	1	3	2	
19	3	8	1	7	4/15	2	7	6	
6	1	5	6/	33/10	1	3	2	4	
	13	4	1	5	3	12/	4	8	13/
	11/22	9	5	8	14/	7/13	1	3	9
3	2	1	0/	4	3	1	4/5	1	4
12	9	3	17/22	9	6	4	3	17/	13/
	42	6	8	7	5	2	1	9	4
	16/	7	9				17/	8	9

p.53

			26	7			19	23
		15	9	6		17	9	8
	45	8	5	4	1	10	1	9
23	9	6	8	3	26	8	2	6
17 12	4	2	5	1	4 9	2	7	
16	9	7	3	13 2	3	8	29	7
12	8	3	1	4 22	1	9	8	4
12 10	5	2	3	14 18	7	9	2	
4	3	1	3	1	2	19 9	6	5 1
11	9	2	3 4	25	7	9	6	3
	28	6	1	3	5	7	2	4
	11	8	2	1	4	3	1	

p.54

				8	13	28		
		15	4	24	7	9	8	
	45 7	6	1	18 10	1	4	5	8
6 17	4	9	3	1	6 16	9	7	
4	1	3	7 26	9	2	8	6	1
13	5	8	4 17	2	8	4	3	28 17
4 9	5	3	1	13	22	5	9	8
25	3	9	1	4	8	14 22 16	7	9
3	1	2	19	20	5	2	9	4 15
4	1	3	17	4 30	9	8	6	7
41	6	7	9	1	3	5	2	8
27	7	9	8	3				

p.55

			16	7	17		15	21
		17	7	1	9	5	1	4
	18 45 15	9	4	2	8 16	7	9	
5	1	4	4 9	2	6	1	10 17	2 8
19	9	7	3	25	11	2	4	5
15	3	5	1	6 4	14	5	9	24 15
13	5	8	13 3	2	1	15	3	5 7
9 12	2	6	1	3	8	1	2	5
18	1	6	7	4	17 8	4	1	3
17	8	9	13 30	5	9	6	3	7 6
	41	3	9	7	8	2	1	6 5
	5	1	4			4	3	1

p.56

		25	19		3	15		
	3	1	2	11	2	9	36	17
	45 16	7	9	15 21	1	3	8	9
28	7	9	8	4	13 4	2	3	8
16 10	2	8	18	9	3	1	5	9
17	9	8	3	2	1	4 15	9	6
8	7	1	3	5 16	7	1	4	2
7 18	6	1	2	9	13 11	3	7	1
26	1	5	2	3	7	8	4 8	20
15	6	9	3	16	14 15	4	1	2 8
37	4	2	7	6	1	3	5	9
21	3	1	9	8		4	1	3

118

Puzzle grid (Kakuro):

				3\	24\				
			3\4	1	3		34\	14\	
	7\	45\9	1	2	6	5\16	7	9	
8\	1	5	2		17\	7	1	4	5
15\	6	9		11\	21\	8	4	9	35\ 13\
	28\3	1	2	16\		24\	8	7	9
28\	8	4	9	7	23\	10\	5	1	4
14\	6	8	18\10	9	1	11\4	1	3	16\
10\	5	3	2	16\	9	7	17\	8	9
24\	9	7	8	17\3	2	1	10\9	2	7
	40\	6	7	9	8	3	2	5	
	11\	2	1	8	3	17\	8	9	

Puzzle grid (Kakuro):

			14\	29\		3\	17\		
		16\	9	7	11\	2	9	45\	9\
	23\	45\	5	9	16\11	1	3	5	2
7\	6	1	17\	8	9	24\10	5	4	1
16\	9	7	3\20	5	7	8	15\27	9	6
12\	8	3	1	17\	11\	7	3	1	
	22\19	8	2	9	19\24	9	8	7	
17\	8	9	16\	7	9	17\	9	8	24\
7\	5	2	16\3	1	2	17\22	7	6	9
19\	9	6	4	15\16	7	9	11\9	2	7
	43\	4	5	6	1	7	9	3	8
	21\	5	7	9	\	1	2		

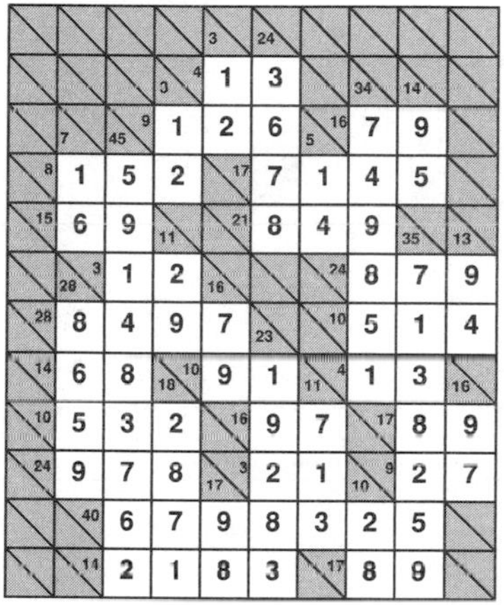

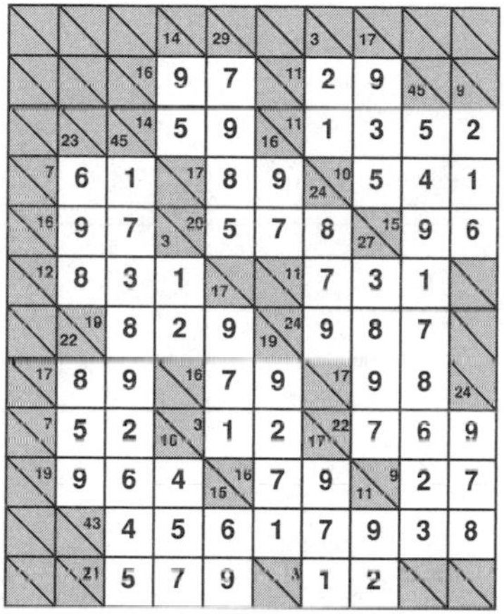

Puzzle grid (Kakuro):

			19\	3\					
			4\	3	1	28\	28\		
	45\	24\11	9	2	9\	7	2		
20\	7	9	4	21\	5\	4	1		
21\	5	7	1	8	11\	8	3	17\	
4\25	6	8	2	9	7\23	9	6	8	
3\	1	2	11\	5\	4	1	15\16	7	9
12\	3	8	1	15\	2	4	9		
22\12	9	3	4\	12\	4	8	23\	16\	
14\	8	3	2	1	3\	9\19	2	9	8
45\	9	4	5	3	2	6	1	8	7
6\	5	1		4\	1	3	7\	6	1

Puzzle grid (Kakuro):

		23\	11\				16\	11\	
	3\	1	2		21\	23\16	9	7	
	45\12	3	9	16\	8	5	2	1	
17\	8	9	4\	22\24	9	8	4	3	
32\	7	8	3	9	4	1	31\	11\	
16\12	6	2	1	3	4\17	9	6	2	
14\	9	5	26\	3\	2	1	17\	9	8
16\	7	3	6	11\	8	3	26\4	3	1
8\	6	1	5			3\	2	1	
10\	1	2	7	5\	9\	16\12	9	7	
36\	2	4	8	1	6	3	7	5	
14\	5	9	24\	4	3	9	8		

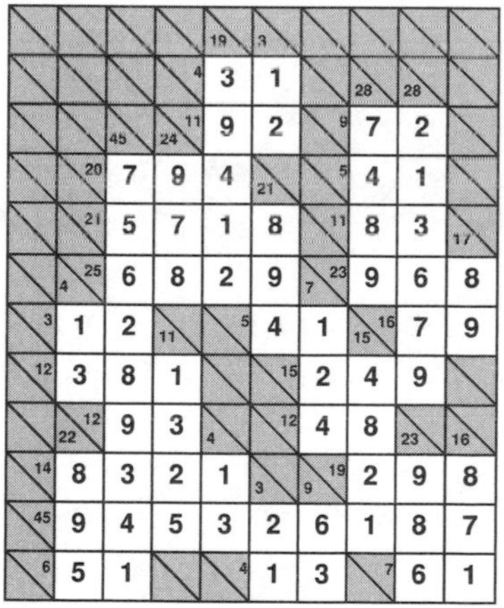

119

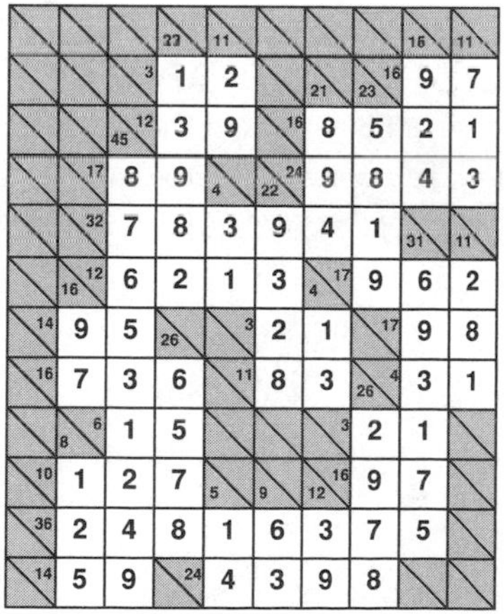

Kakuro Puzzles

p.61

			7\		19\			22\	3\	
		\3	1	2	\4	3	1	\45		
	\45	13\	4	9	16\	13\	7	2	4	19\
	24\ 29\	7	2	8	3	9		\17	8	9
10\	8	2		\3	2	1	\3	1	2	
8\	7	1	34\	\6	4	2	\10 7\	2	8	
15\	9	6	16\ \5	4	1	\11	4	7		
	24\	3	7	8	6	26\ \4	1	3		
	24\ 23\	8	9	6	\4 14\	7	2	5	\7	
17\	8	9	\5 17\	7	1	9	\3 15\	9	6	
45\	7	5	4	9	3	8	2	6	1	
14\	9	4	1			\3	2	1		

p.62

			18\	13\	8\				16\	15\
		\7	2	4	1	19\		\7	1	6
	\45 29\	7	9	5	8	28\ \17	8	9		
20\ \4	3	1	26\	2	9	8	7			
23\	9	6	8	\3	2	1	33\	\8		
12\	3	9	\6 17\	\14	7	6	1			
24\	8	5	2	9	23\	21\	9	5	7	
12\ 27\	7	3	8	9	22\ \5	3	2	22\		
18\	9	8	1	\6	1	5	\15	9	6	
4\	3	1	10\ \3	8	9	16\	7	9		
44\	4	6	2	5	8	9	3	7		
\7	2	4	1		\8	7	1			

p.63

						19\	7\			
		11\	24\		\15 12\	9	6			
	\45 17\	8	9	16\ \7	4	2	1			
16\ 25\	4	2	7	3	8	1	27\	11\		
26\	7	6	1	8	4	\7 24\	7	8	9	
17\	9	8	19\	\15	9	6	33\ \3	1	2	
15\	7	8		\17	1	9	7	\6		
16\ \6	2	4	23\	24\	22\	8	9	5		
29\	9	5	7	8	\19 17\	9	7	2	1	
8\	7	1	\8 29\	7	9	8	5	11\	3\	
40\	3	1	6	8	7	4	9	2		
18\	9	7	2			\3	2	1		

p.64

				4\	23\	21\	17\			
			25\	3	8	5	9			
	45\	3\	27\ \18	1	6	3	8			
\7	2	1	4	16\	9	7	43\	26\		
15\	1	3	2	9	24\	\17	4	5	8	
15\	6	9	19\ \14	6	8	\9	2	3	4	
28\	4	9	8	7	\5	\17	8	9		
13\ \4	1	3	12\ \13	9	4	\6 8\	1	5		
17\	4	5	7	1	10\ \7	1	2	4		
17\	9	8	\3 5\	2	1	\4 7\	1	6	\7	
37\	6	1	9	4	3	5	7	2		
11\	7	4	\6	5	1	\14	9	5		

120

p.65

							23	13	5
						20	9	7	4
		45	29	7		12	8	3	1
	21/11	7	8	6	11/7		6	1	43/3
27	8	2	7	1	9	9/6	2	3	1
9	3	1	5	4/8	2	1	16/11	9	2
6/17	5	9	3	21/8	8	7	6		6
4	1	3	6	1	5	9/14	9	5	6
11	5	6	10	13	3	1	14/13	8	5
11	8	1	2	10/6	2	3	4	1	
28	4	2	3	1	6	5	7		
29	9	7	8	5	7	6	1		

p.66

			9	24				23	21
		17	8	9	24		5	1	4
	4/45	16	1	8	7		16	7	9
3	1	2	16	7	9	13	12/17	9	8
10	3	7	12	7/25	8	9	2	6	
	6	1	3	2	27/6	4	1	33	23
7	26	4	9	5	8	14/23	9	8	6
15	6	9		6/16	7	9		7	9
7	1	6	16/13	2	6	5	22/17	9	8
	12/21	8	9	3	1	5/6	5	1	
43	8	3	7	1	5	4	9	6	
9	4	5			11	1	8	2	

p.67

			28	7		16	37	15
		17/15	9	6	9	1	2	6
	45/17	9	7	1	8/22	8	5	9
23/20	7	8	5	10/23	6	9	8	10
7	3	4	11	6	3	2	9	6	3
4	1	3	3	1	2	4	13/8	7	1
8	2	6	4	23	1	3	4	9	6
20	8	9	3	17/7	4	1	2	22	13
13	4	2	1	6	16	24	7	8	9
13	5	8	16/8	1	7	8/9	5	1	4
	36	5	7	8	9	2	1	4	
	12	1	9	2	23	6	8	9	

p.68

					7	22		11	20
				15	6	9	16	7	9
	3	45		9	1	8	26/6	1	5
4	1	3	31	16	20	4	7	3	6
14	2	1	4	7	7/3	1	2	30	10
	23	6	7	9	1	3/23	8	9	6
	17	9	8	28/23	4	2	9	7	1
	20	5	3	9	2	1	22/9	6	3
	23/24	7	9	8	16	17/15	9	8	
8	6	2	8/24	6	7	9	2	8	16
45	8	4	1	5	9	6	3	2	7
24	9	8	7			23	8	6	9

121

Kakuro puzzle grid (p.69) — solution digits by row:

- 8 1 | 9 8
- 9 6 | 7 1
- 4 1 | 3 1 | 6 2
- 9 2 3 | 9 8 | 9 8
- 3 7 1 | 3 6 5 1
- 4 8 9 | 2 1 3
- 8 5 9 7 | 8 1 3 4
- 9 7 | 8 6 | 3 2 1
- 9 7 | 9 7 | 8 9
- 1 6 9 3 5 2 4 7 8
- 6 8 | 6 8 | 1 6

Kakuro puzzle grid (p.70) — solution digits by row:

- 3 6 | 1 4
- 2 1 | 7 9
- 7 9 | 1 9 | 7 9
- 1 3 | 5 8 1 3
- 2 4 | 2 1 9 8
- 8 1 7 | 6 9 | 1 3
- 7 9 8 1 | 1 4
- 6 2 8 4 | 8 9
- 8 6 | 7 1 5 3 2 4
- 7 5 1 9 2 6 8 4 3
- 9 8 4

Kakuro puzzle grid (p.71) — solution digits by row:

- 1 5 | 2 1
- 8 9 | 1 3
- 3 6 2 7 1 | 6 9
- 9 7 8 5 | 2 9 |
- 7 6 9 | 8 9 6
- 4 7 1 2 | 3 8 1
- 1 5 | 8 4 | 5 7
- 3 9 | 9 1 | 2 7
- 1 9 3 | 7 3 9
- 7 2 8 4 3 6 9 5
- 9 8 | 1 2

Kakuro puzzle grid (p.72) — solution digits by row:

- 6 1
- 9 7
- 7 1 2 8 3 | 9 7
- 1 4 2 3 7 | 1 3 2
- 5 9 | 2 6
- 6 8 7 | 5 1
- 3 2 1 7 | 2 3
- 7 1 5 8 6 | 8 4
- 9 5 | 8 9 7 1
- 2 4 1 9 7 6 8
- 8 9 5 | 9 7

122

p.73

8	9		4	9			
3	9	7		3	1	7	
7	1	2		4	1		1	6
9	5		9	3		7	5	9
6	2	8	1		3	1	2	
9	8		2	9		8	6	
2	1	7		2	4	3	1
9	7		2	1	3	8	4
8	4	1	3	2	5	9	6
7	8	3					

p.74

1	5		6	2	3	1
8	9		9	6	4	3
5	7	8	9	6		8	5
1	4		7	2		1	2
5	6	9	7		8	6	7
9	7		8	9		3	2
2	8	1	7		8	6
7	4	9	6		6	9
9	8			8	2	7	9	6
3	9	4	7	1	5	8	2
9	8	7			7	1

p.75

1	5		4	7	9	8
3	8		1	5	8	6
9	7		9	7		7	9
8	6		6	1		3	1
9	7		2	9	7	6
3	1	9		4	1		
8	2		4	1		4	9	1
5	1		3	1		8	6
9	4		2	7	1	4	3
5	1	7	4	9	3	6	2
8	4	9					

p.76

1	3			4	9
4	2	9	1		4	9
9	6	7	8		9	3	6	8
7	1			8	2	1	6
9	5	8		3	1		3
4	1	2	3		6	4	2
9	7		1	4		3	1
8	3		5	1	3	9
2	4	1		4	2	1
5	8	9	1	3	4	2
8	9	7	3			

123

p.77

p.78

p.79

p.80

124

p.81

				36	3		4	29	23
			8\11	9	2	20\	3	9	8
	4\	45\13	5	7	1	12\	1	5	6
10\	1	2	3	4	8\	10\16	7	9	
11\	3	8	5\15	8	7	20\14	6	8	
	25\	5	2	6	1	8	3	20\	11\
22\6	1	3	2	6\15	3	1	2	9	
15\	9	6	6\14	5	9	11\3	1	2	
17\	8	9	8\4	3	1	19\5	2	3	
15\	5	7	2	1	15\22	9	5	8	
	37\	4	5	2	9	8	3	6	
	4\	3	1	9\	6	2	1		

p.82

						18	21	1	46	
	4\	45\			14	2	8	3	1	
3\	1	2	15\	20\	4	9	1	6		10\
19\	3	9	7	16\10	3	7	15\	8	7	
	16\20	1	3	7	9		5\3	2	1	
29\	7	8	5	9		7\	1	4	2	
14\	9	5	10\	11\		13\	4	9	9\	
	0\	4	3	1	4\	22\13	7	6		
	11\	3	2	5	1	7\10	6	3	1	
	36\	6	4	8	3	1	7	5	2	
	8\	7	1	15\	6	9				

p.83

					20	28	5			
			15\21	9	8	4	37\		
	45\	8\31	9	8	7	1	6	28\
17\	5	1	6	3	2	4\17	9	8
14\	9	5	4\	26\	9	3	8	6
19\11	8	2	1	20\11	3	1	2	5
8\	6	2	11\	3	8	6\	20\16	7	9
7\	4	3		18\	3	1	9	5	
15\	9	6	17\	8\22	9	5	8	21\	12\
12\21	7	9	5	16\	14\10	1	7	2
45\	9	4	8	1	7	6	2	5	3
4\	3	1	19\	2	9	8	16\	9	7

p.84

			21	11		11	9		
		5\	4	1	3\	2	1	45\	
	16\	45\16	9	7	16\21	9	8	4	23\
33\	9	6	8	3	7	28\	17\	9	8
8\	7	1	7\	17\	9	8	5\16	7	9
7\	15\	9	6	11\	13\	4	1	2	6
10\	2	4	1	3	25\21	9	4	8	3\
12\	4	8	16\	1	8	7	13\4	3	1
3\	1	2	13\	7	6	23\6	3	1	2
	11\	7	4	11\17	4	6	2	5	
	38\	5	2	9	7	8	1	6	
	6\	3	1	2	16\	9	7		

p.85

p.86

p.87

p.88

p.89

				23	18		12	7	24
			16	9	7	19	8	2	9
	45	7	8	6	2	6 12	4	1	7
26	6	2	8	9	1	12	4	8	
12	8	4	29	14	5	9	28	19	
3 6	2	1	3	4	13	1	4	8	
11	2	9	3	2	1	18	2	7	9
4	1	3	21 4	1	3	21 3	1	2	
24	7	9	8	17	9	8			
9 14	1	7	6	16 3	1	2			
40	8	4	2	9	7	1	3	6	
9	1	5	3	19	9	2	8		

p.90

								34	7
					2	11 15	9	6	
	45	3	16	26 11	2	5	3	1	
37	6	2	7	8	1	9	4	16	
21 11	4	1	9	7	23	16	7	9	
3	2	1		3	2	1	23 15	8	7
17	9	8	7	24	9	8	5	2	
4 15	9	6	18	12	9	2	1		
10	3	2	1	4	16 6	5	1	14	17
4	1	3	15 14	5	9	3 22	8	5	9
44	5	6	3	7	2	4	9	8	
22	7	9	6	4	1	3			

p.91

					4	10		
		20	6	3	1	2	30	
45 8	7	1	17	3	8	6	3	
6	2	1	3	27	3 4	3	1	
25	8	9	2	6	17 11	1	8	2
7 4	1	3	6 24	5	8	2	9	19
13	4	9	17	1	7	9	1	2
4	1	3	14	5	9	16 19	3	7	9
8	2	6	11	8	14 22	9	1	4	8
16 32	7	8	6	9	2	16	15	14
45	7	4	3	2	5	1	9	6	8
14	9	5			26	4	7	9	6

p.92

			38	21					
		5	1	4		21	7		
17 45	16	7	9	15	9	6	45		
20	9	1	2	8	17	5	1	6	13
19	8	5	6	9 16	9	7	20 5	1	4
29	7	9	5	8	22	8	5	9	
15 17	9	5	3	13	5	3	2		
28	7	3	8	1	9	9 17	9	8	8
17	9	8	7	22 5	4	1	21 16	9	7
8	2	1	5	3 17	3	9	4	1	
41	6	4	9	2	5	8	7		
15	4	2	8	1	7	4	3		

127

p.93

				4	10			
		23\3	1	2			32	16
	45	21\17	6	3	8	16\17	8	9
16\23	8	6	9		16\21	9	5	7
23	9	4	2	8	14\10	1	7	2	9
10	7	2	1	6\16	9	7	16	9	7
16\27	9	4	1	5	8	29\9	7	2
29	9	7	8	5	10\6	5	1
8	7	1	13	19	14	5	9	9\8
6	3	1	2	3\14	3	8	1	2
41	5	3	9	1	2	7	8	6
25	6	9	8	2				

p.94

			23	23			4	12
		7	1	6	11	3	8	45
	16	45\12	4	8	11\8	1	4	3	26
34	7	4	6	9	8	9	17	8	9
13	9	1	3	36\4	3	1	19\14	6	8
23\24	7	9	8	11\23	8	7	5	3
17	9	8	29\3	1	2	22	9	7	6
32	8	3	5	7	9	4	3	1	9
22	6	2	9	5		17	9	8
7\23	6	8	9	3	9	17\3	2	1
36	1	5	7	6	2	3	8	4
15	6	9		16	1	6	9	

p.95

						21	5
					22\13	9	4
		45	17	13	16	8	7	1
	7	2	1	4	5	4	1	33	17
22\24	8	7	9	23\26	9	4	8	5
22	8	5	9	20\9	8	1	6	2	4
16	9	7	15	6	9	4	3	1
6	5	1	7\8	2	6	23\16	9	7
7	4	2	1	8	5	4	1
9\13	6	1	4	2	16\13	9	4
43	1	3	4	7	5	9	8	6
17	8	9		10	1	7	2	

p.96

			24	16			7	16
		8	1	7		22\15	6	9
	45	19\17	8	9	22\16	8	1	7
	10	3	1	6	6	1	5	31	22
16\23	6	8	9	17\26	5	9	6	8
10	7	1	2	16	9	7	6	1	5
17	9	5	3	5\17	8	9	29\17	8	9
4\13	7	5	1	29	16	9	7
3	1	2	13	4	9	17\17	8	9
12	3	9	15	22\6	8	9	5	16	4
43	4	6	1	5	8	7	9	3
29	8	9	5	7		8	7	1

p.97

				24	17			39	4
			16\16	7	9	10\	11\	8	3
\16	45\26	7	9	8	2	6\4	3	1
26\	7	2	9	8	25\22	8	5	9	
17\	9	8	8\	9\22	5	9	1	7	13\
\30	7	6	8	9		15\	6	9
16\10	4	2	1	3	16\	4\	1	3
15\	9	6	21\	14\17	8	9	27\ 6\	5	1
27\	7	3	9	8	17\15	7	8	30\ 3\
4\16	1	4	2	8	8\10	4	5	1
45\	1	5	8	4	9	3	6	7	2
12\	3	9			22\	5	9	8	

p.98

		17	10		14	8		
	16\	9	7	16\	9	7	8\	16\
6\	45\10	8	2	12\	5	1	2	4
4\	1	3	16\4	1	3	29\	14\	5	9
7\	2	4	1	10\10	9	4	23\ 4\	1	3
13\	3	7	2	1	7\	1	6	32\ 23\
4\21	8	9	7	25\	7	9	1	8
13\	1	6	4	2	14\26	9	8	3	6
12\	3	9	17\	15\11	3	8	23\17	8	9
16\28	5	9	8	6	10\16	9	7
44\	9	2	8	7	5	3	6	4
8\	7	1			24\	7	8	9	

p.99

				23	4		
		23\	24\	12\	9	3	31\
	45\16	9	7	9\16	8	1	7	15\
25\	4	8	5	2	6	8\17	8	9
9\	8	6	3	1	15\	6	2	7
17\	8	9	18\15	9	6	3\	2	1	9\
16\	1	7	8	12\			17\	9	8
7\	2	1	4	13\	7\	5\	4	1
19\34	6	9	8	7	4	22\	13\	16\
3\	2	1	10\	4\27	2	1	7	8	9
45\	9	5	8	3	4	2	6	1	7
14\	8	3	2	1		13\	9	4	

p.100

					13	3		
				5\	4	1	18\	11\
	45\	20\	19\	14\16	9	2	4	1
11\	2	3	1	5	18\	4\	1	3
4\33	4	8	7	9	5	18\7	5	2
22\	1	8	9	4	19\29	7	9	8	5
12\	3	9	12\25	2	9	6	8	25\ 7\
15\24	7	4	5	8	7\ 8\	1	5	2
23\	9	6	8	3\	2	1	24\13	9	4
7\	6	1	7\	17\	6\13	2	7	3	1
\35	5	6	9	2	4	8	1	
\16	3	1	8	4	16\	9	7	

129

p.101

			29\	4\		7\	13\		
		\12	9	3	\3	2	1		
	5\	45\3	2	1	\13	4	9	45\	
\21	4	9	8		\6	1	3	2	10\
\6	1	2	3	9\	18\		12\4	3	1
	22\29	8	7	5	9	\6	3	1	2
\15	9	6	\10	3	7	12\20	9	8	3
\10	6	4	\6	1	2	3	9\10	6	4
\12	7	5	17\		\15	9	1	5	22\
	13\16	7	9	16\	14\	8\23	6	9	8
\45	9	3	8	7	6	1	2	4	5
\5	4	1	\24	9	8	7	\16	7	9